アルジェリア人質事件の深層

暴力の連鎖に抗する「否テロ」の思想のために

桃井治郎
momoi jiro

新評論

はじめに

二〇一三年一月一六日、北アフリカのアルジェリアでイスラーム武装勢力による人質拘束事件が発生した。重武装した集団がアルジェリア南部のイナメナスにある天然ガス施設と居住区を襲撃し、同施設で働く関係者を人質にとって立てこもった事件である。発生から数日後にはアルジェリア軍の介入によって武装集団は鎮圧されたが、その過程で日本人一〇人を含む四〇人の命が失われた。

筆者はその数年前に在アルジェリア日本国大使館に勤務していたが、突然の知らせに大きなショックを受けた。そして、事件の内実を探るうち、その深層に潜む「テロリズム」問題そのものについて再考する必要性を強く感じるようになった。

事件は日本でも連日トップニュースとして報道された。しかし、一〇名の日本人がなぜこのような事態に巻き込まれなければならなかったのか、納得しがたい理不尽さはいまも解消されたわけではない。遺族の悲しみを思うと、あまりにも重く痛ましい事件である。

このような悲劇的事件を前にして、「反テロリズム」を主張するのは、あまりにも当然で、いまさら議論の余地はないと思われるかもしれない。しかし、単に「テロリズムは悪であり、徹底的に根絶すべきだ」という意見を声高に主張するだけでは、問題を理解することにも、再発を防ぐことにもならないであろう。それはむしろ、現実の問題に対する思考を停止させ、問題の根源を見極める努力を放棄することにつながるのではないか。そして、そうした単純思考の結果は、短絡的で好戦的な行動を生み、かえって問題を複雑化・深刻化させてしまう危険性がある。

本書では、こうした問題意識に基づき、アルジェリア人質事件について多面的にその深層を探っていく。各章ではそれぞれ、「事件現場でいったいなにが起きていたのか」（第一章）、「事件をめぐってどのような対応がなされたのか」（第二章）、「事件を起こしたイスラーム武装集団とはなにもので、なぜアルジェリア政府は強硬策をとったのか」（第三章）、「テロリズムを生んだアルジェリアの経済社会構造とはなにか」（第四章）、「テロリズムの論理とはどのようなものか」（第五章）、「グローバル・テロリズムの時代はいかに生じ、いかなる特徴を持つのか」（第六章）、「テロリズムに抗するためになにをなすべきか」（第七章）を考える。最後の第七章では、アルジェリア出身の作家アルベール・カミュの思想を援用しながら、この事件がわれわれに示唆する教訓を検討する。

事件からすでに二年半が過ぎた。その後も「テロ事件」は頻発し、目まぐるしい日常のなかで凄惨な記憶は遠のきつつある。しかし、多くの犠牲者を生んだこの事件を単に不運な出来事と位置づけて風化させてはならない。とりわけ今日の日本において、安全保障の問題が「テロリズム」に関連づけて論じられ、「平和」や「安全」の名の下に大きな政策変更が進められている以上、「テロリズム」の再考は火急の課題である。いまいちどこの事件を見つめ直し、その悲劇に教訓を学びながら、本書を通じて、「対テロ戦争」とは異なる思想、すなわち、あらゆる暴力に抗う「否テロリズム」の思想を紡ぎだしていきたい。

アルジェリア人質事件の深層◆目次

Ⅱ　アルジェリアの歩み

Ⅲ　テロリズムを考える

事件の内実

I

第一章――現場でなにが起きたのか

アルジェリアという国、イナメナスという町

アルジェリア民主人民共和国は、アフリカ最大の国土を持つ北アフリカの国である。アルジェリア北部は地中海に面した温暖な気候であるが、そこから南下すると二〇〇〇メートル級の山々が連なるアトラス山脈があり、さらにその山岳地帯を越えると、乾いた荒野が広がる土漠と赤みがかかった砂に特徴をもつサハラ砂漠がひろがっている。アルジェリアの国土の大半は、この土漠を含めた砂漠地域で占められており、この地域だけでも日本の国土の約五倍にあたる。サハラ砂漠のところどころには、水が湧き、ヤシの木が生い茂るオアシスがあり、かつてのキャラバン交易の面影をのぞかせている。

アルジェリアの人口は現在約三九〇〇万人であるが、その九〇%以上は北部地域に暮らしている。しかし、アルジェリア経済を支えているのは、むしろ南部のサハラ地域である。夏の日中には気温五〇度を超えることもあるこのサハラ砂漠の地下には、原油や天然ガスなど豊かな天然資源が埋蔵されているからである。

アルジェリアは、原油生産量で世界第一八位、天然ガス生産量で第九位であり、世界的な原油・天然ガスの生産国である(1)。アルジェリアの輸出総額のうち約九八%は原油・天然ガスなどの炭化水素資源で占められており、経済構造からみれば、アルジェリアは原油・天然ガス生産に支えられた資源国である。

とりわけ、アルジェリア南東部は天然ガスの埋蔵量が多く、世界でも有数のガス田地帯として知られている。そして、この南東部のリビア国境近くに位置するのが、イナメナスのガス田である。ここでは、アルジェリアのガス生産量の一〇%以上が産出されている。

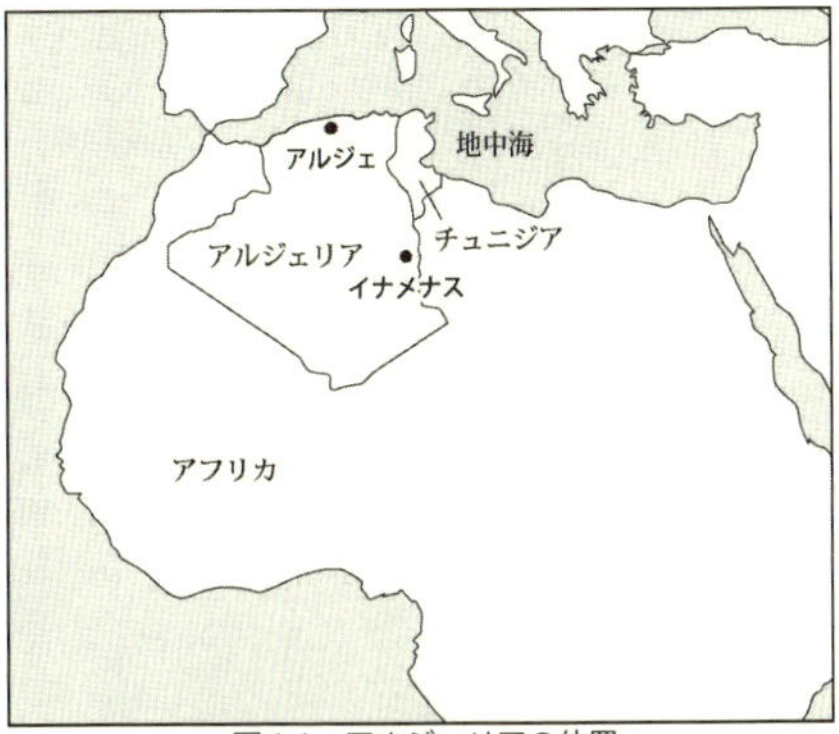

図1-1：アルジェリアの位置

イナメナスの名は、遊牧民であるトゥアレグの言葉で「ラクダ(乗り)の町」を意味するという。かつてはラクダの商隊が休憩するだけの場所であったと思われるイナメナスの町は、現在では、近郊に空港が建設され、アルジェやオランなどアルジェリアの主要都市と空路で結ばれている。ただし、利用者の大半はイナメナスの住民ではなく、ガスプラントで働く人たちである。

アルジェリアでは国内法の規制もあり、石油・ガスプラントは国営石油会社ソナトラック社(2)と外国企業の共同操業が多い。イナメナスのガスプラントも、二〇〇六年以来、アルジェリア国営石油会社ソナトラック社、イギリス企業BP社、ノルウェー企業スタットオイル社の三社で共同操業されてきた。近隣のガス田で採掘された天然ガスはここで精製処理され、北部に延びるガスパイプラインを通って地中海沿岸に運ばれる。さらにそこから地中海の海中を延びるガスパイプラインでヨーロッパに直接輸送されるか、あるいはアルジェリア沿岸の港でＬＮＧ（液化天然ガス）に加工され、タンカーに積み込まれて世界各地に輸出される。日本も、普段はオーストラリアやカタール、マレーシアなどの近隣国からＬＮＧを輸入することが多いが、国内需要が高まるとアルジェリアからスポット取引としてＬＮＧを輸入することもある。

資源国であるアルジェリアにおいて、ガスプラントは国家経済の生命線ともいえる重要な施設である。そして、そうであるがゆえに、このガスプラントを狙って事件は発生した。

以下では、二〇一三年一月にアルジェリアで発生した人質事件について、現場でいったいなにが起き、どのように事態が進行したのか、事件発生から終結までをたどっていきたい。ただし、事件の詳細については現在もアルジェリア政府が明らかにしておらず、不明確なところが多いのも事実である。ここでは、事件当時の公式発表やメディアの報道（3）、スタットオイル社の調査報告書（4）などをもとに、事件の展開をたどっていく。

事件発生

二〇一三年一月一六日水曜日午前五時三〇分過ぎ、まだ夜明け前の暗闇のなか、イナメナスのガスプラントに隣接する居住区から一台のバスが出発した。砂漠とはいえ、真冬の早朝は非常に寒い。一月のイナメナスの平均最低気温は五度程度である。

一般に石油・天然ガスプラントは町から離れていることが多いため、操業するプラントの近くに居住区が建設される。居住区には居室や食堂のほか、売店や医務室、卓球台を備えた娯楽室などが設置され、プラントで働く人たちがそこで寝起きをし、生活する。町から約四〇キロ離れたイナメナスのガスプラントにおいても、プラントから南に約三・五キロのところに居住区が設営されていた。

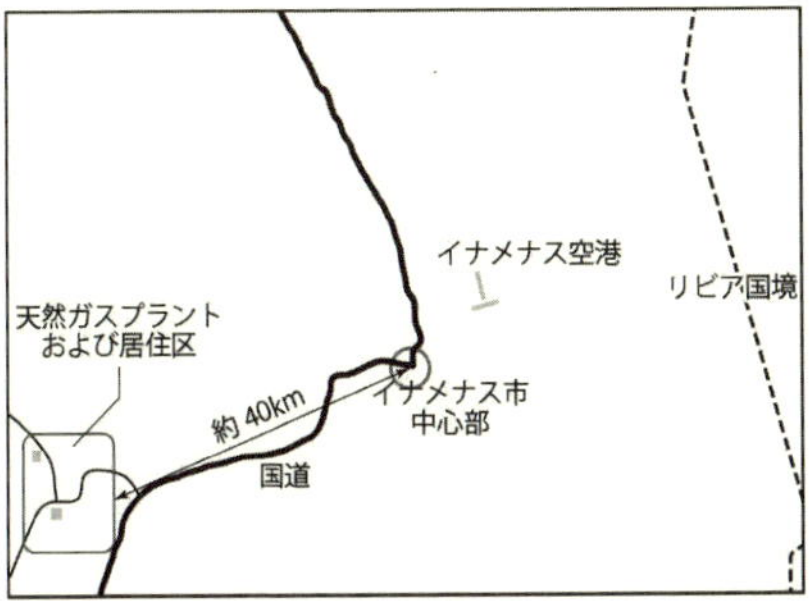

図 1-2：イナメナス近郊図

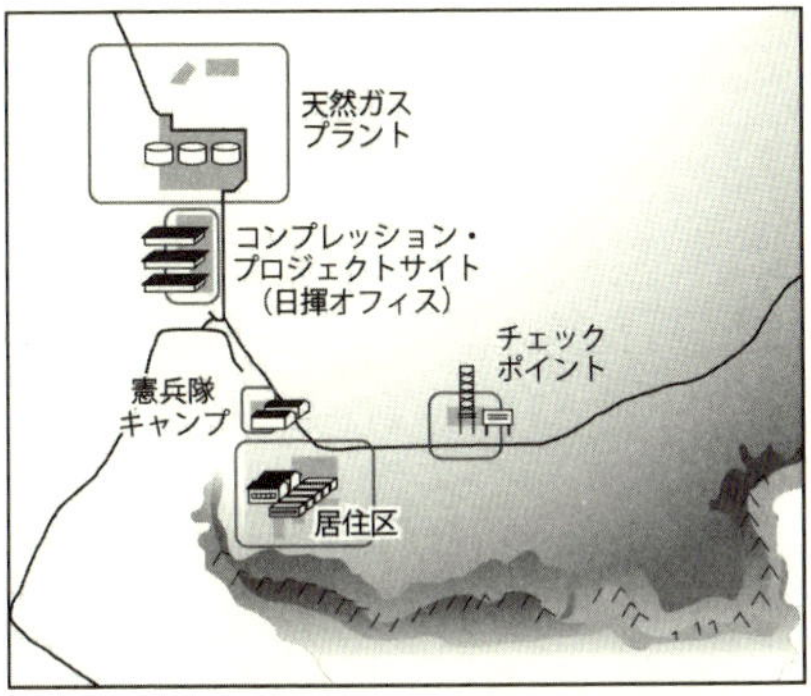

図 1-3：天然ガスプラントと居住区の位置関係

事件当日、この居住区に滞在していたのは、プラントで働くアルジェリア人約七〇〇人と外国人約一三〇人であった。このうち日本人滞在者は、プラントの改修工事を請け負っていた日揮（JGC）社の関係者、計一七人であった。なお、事件当日には各社の役員クラスによる経営会議が予定されており、外国人一三〇人のなかにはこの役員らも含まれている。

　この日、朝一番に居住区を出発したバスには、イナメナス空港に向かう人やイナメナスの町に手続きに行く人たちが乗車していた。そして、いつものようにバスにはアルジェリア軍の憲兵隊のエスコートがついた。

　アルジェリアでは、イナメナスに限らず、プラントで働く外国人の安全を確保するため、居住区やプラント地区から外に出て移動する際には、アルジェリア軍の憲兵隊によるエスコートがつくことになっている。通常、憲兵隊のエスコートは、大型四輪駆動車三台が一チームとなり、防護する車両の前に一台、後ろに二台がつき、それぞれの車両には自動小銃で武装した憲兵四～五人が乗車する。この日のバスにも、憲兵隊の車両三台がエスコートについた。

　バスと憲兵隊の車両が居住区を出発し、約三〇〇メートル進んだところにある警備ポイントにさしかかった時、突然、銃声が鳴り響いた。数台の車に分乗した武装集団が突然現われ、いっせいにバスや憲兵隊の車両を銃撃したのである。

　バスは銃撃を受けて停止し、憲兵隊は応戦して激しい銃撃戦となった。武装集団の車は一台を残して居住区やガスプラントに向かったが、残った一台に乗る武装集団と憲兵隊のあいだで銃撃戦は続いた。武装集団の車がすべて去り、応援に駆けつけた軍の部隊が現場を掌握したのは、銃撃戦が開始されてから約一時間半後の午前七時二〇分であった。

この戦闘で、憲兵隊の車両に乗っていたイギリス人警備員と、警備ポイントにいたアルジェリア人警備員の二人が犠牲となった。アルジェリア人警備員は、武装集団が襲撃してきた際、居住区に危険を知らせるために非常警報アラームを作動させようと行動し、頭部を銃撃されて死亡した。結婚したばかりであったというこのアルジェリア人警備員の青年は、のちにアルジェリアのメディアで、武装集団に勇敢に立ち向かった英雄としてたたえられた(5)。

銃撃を受けたバスの乗客は、銃弾や割れた窓ガラスなどで負傷したが、幸い全員が救出されて軍のキャンプに移送された。

居住区への侵入

居住区では、銃撃音が聞こえた直後から警告を知らせるアラーム音が鳴り響いた。居住区の警備員は、ただちに居住区内のすべての人たちに室内に入るように指示を出した。こうした施設では、施設外の警備はアルジェリア軍の憲兵隊が行い、施設内の警備はプラント操業会社が契約した民間警備会社の社員が担っている。その多くは軍隊経験があるが、警備にあたってはアルジェリアの国内法に準拠し、火器等の武器は所持していない。

一方、居住区にいる人たちは、このような事態が起きた際には、事件に巻き込まれないように室内に待避し、ドアや窓に鍵をかけ、電気を消し、身を隠すという対応がなされていた。襲撃者が軍や民間警備会社の警備を突破して居住区内に侵入し、居室にまで踏み込むというような事態は、これまでに前例がなく、想定されていなかったというのが実状であろう。

このとき、さきほどのバスとは別に、日揮のシャトルバスがプロジェクト事務所に向かって居住区を出発したところであった（日揮の居住区はメイン居住区に隣接している）。バスには日揮が現地採用したアルジェリア人スタッフのほか、外国人のプラント技師四人が乗っていた。バスの運転手は銃声を聞き、居住区に引き返そうとしたが、武装集団に狙われ、銃撃を受けた。この際、日本人を含む日揮関係者三人が亡くなったとみられる(6)。

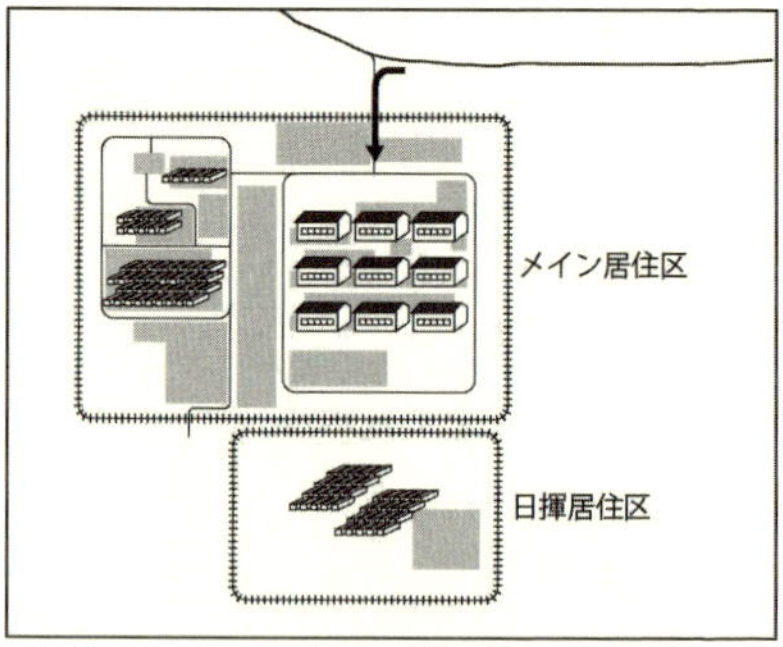

図 1-4：メイン居住区と日揮居住区の位置関係

武装集団は居住区の正面ゲートを突破し、難なく居住区内に侵入してきた。居住区は二重の金網と有刺鉄線で囲まれ、正面ゲートには警備所もあったが、重武装をした集団に対しては無力であったといわざるを得ない。

迫撃砲や地対空ミサイル、機関銃、手榴弾などで重武装した集団は、カモフラージュのためか、軍用の迷彩服姿で、頭部は目出し帽かクーフィーヤ（男性が頭にかぶる装飾布）で顔を覆っていた。公用車両に偽装するためか、車両の屋根に青色のパトロールランプを付けている車もあったという。

襲撃者は居住区内に侵入すると、プレハブ住宅の一戸一戸を回り、鍵のかかったドアを銃撃してこじ開け、外国人を捜索し、拘束した。異変に気づき、それぞれ自室やオフィス、食堂などに逃げ込み、身を隠した人もいたが、襲撃当初、暗がりのなかでの突然の出来事にいったいなにが起きているのか、わからなかった人もいたという。この混乱のなかで数人の外国人が射殺されたとみられる。

とくに、襲撃者たちは経営会議のために滞在していた各社の役員の名前を叫び、念入りに捜索したという。居住区内の滞在者の名前が外部に漏れていたことから考えて、居住区の内部スタッフのなかに武装集団の協力者がいたことは確実であろう。さらに、居住区内での武装集団の行動は迅速で、事前に入念な計画と準備がなされていたことがうかがえる。

武装集団に発見された外国人は外に集められ、手を縛られて拘束された。武装集団は、人質の首や胴に爆弾コードを巻き、「逃げようとすれば全員死ぬぞ」と言って脅したという。

居住区で人質を見張る犯行グループの男。人質が隠し撮りしたもの（写真提供：共同通信社）

人質は、人間の盾として武装集団を取り巻くように車座にさせられた。武装集団は、外国人一人ひとりのパスポートや身分証明書を捜索し、人質リストを作成した。また、日揮の居住区で拘束された外国人はメイン居住区に移され、ほかの外国人人質とともに集められた。当初、武装集団は、日揮の居住区の人質をバスでメイン居住区に移動させようとしたが、バスがアルジェリア軍に銃撃されたため両居住区を仕切る金網を破り、メイン居住区へと移動が行われた。

このとき、人質となった日本人は七人であったとみられる。滞在中の日本人一七人のうち四人は、すでにガスプラント近くにある日揮のプロジェクト事務所に着いており、武装集団の襲撃を免れた。

居住区にいながら、武装集団から身を隠して発見されずに助かった人もいた。武装集団が侵入してきた際、とっさに近くに止まっていたトラックの下に潜り込み、そのまま二日間身を潜めて難を免れた人やアルジェリア人居住区に逃げ込んだ人、食堂の吊り天井に這い上がって身を隠した人、あるいは、自室のベッドの下に隠れたまま無事だった人もいた。それは、わずかな偶然によって運命が左右されたとしか言いようがない事態であった。

一方、居住区内のアルジェリア人は、当初より、人質の対象ではなかった。アルジェリア人は手足を縛られることもなく、比較的自由な行動が許された。携帯電話の使用も禁止されず、それぞれが外部と連絡をとることが可能であった。

なお、日本人を含めた何人もの外国人が、アルジェリア人の同僚に助けられて一命を取り留めたこともここに記しておきたい。例えば、自室のベッドの下に身を隠していた日本人は、のちにアルジェリア人スタッフに導かれ、顔をターバンやネックウォーマーで隠しつつ、居住区外に脱出し、憲兵隊に保護されている。自らの危険を承知の上で外国人同僚をかくまい、その後脱出を支援したアルジェリア人が数多くいたことが、のちの証言で報告されている。

一方、居住区が襲撃を受けていたのと同じ頃、そこから約三・五キロ離れたガスプラントでも、事態は同じように進行していた。武装集団は二台の車でプラント地区に侵入し、同施設にいた外国人を拘束して立てこもった。武装集団の人数は、居住区とプラント地区を合わせて計三二人であった。

武装集団の要求

襲撃から約三時間後の午前八時二五分、武装集団は事件現場からイギリスのBP本社に電話している。社長との直接の対話を要求したのである。さらに午前八時三〇分には今度はスタットオイル社に電話をしている。これは、BP社やスタットオイル社を通じてアルジェリア政府へ要求を伝えるためであった。このあとも武装集団から両社への電話は何度も繰り返された。

武装集団の要求は、居住区やプラント周辺にいるアルジェリア軍を後退させること、武装集団が人質とともにマリに移動するための航空機あるいは車両を用意すること、アルジェリア国内およびアメリカで投獄されている仲間を釈放することなどであった。さらに、同日午後には、襲撃者たちが居住区からプラント地区へ移動する際にアルジェリア軍が攻撃しないことも付け加えられた。

また、武装集団は、人質となっていた外国人に対して、会社や家族、大使館に電話するように指示した。関係機関からアルジェリア政府にプレッシャーをかけるように求めたのである。さらに、武装集団は外国メディアに直接電話し、自らあるいは人質の口を通して自分たちの要求を伝えた。また、すでに指摘したとおり、居住区内のアルジェリア人は、拘束されることなく、それぞれが家族や友人たちに携帯電話で連絡を取っていた。こうして、断片的ながらも事件の概要や施設内の状況が外部に伝わることになったのである。

武装集団とアルジェリア軍とのあいだでは、携帯電話や無線によってやりとりが行われていたという。武装集団は人質の殺害をちらつかせながら要求を行い、とくにアルジェリア軍に対して居住区の周囲から後退するように強く要求した。

膠着状態

午前九時頃、居住区内のアルジェリア人が小グループごとに正面ゲートから解放され始めた。しかし、このグループのなかに外国人が隠れていることが見つかり、解放は途中で中止され、残りのアルジェリア人は再び居住区に戻された。このとき解放されたアルジェリア人は約三〇人ほどであったとみられる。

アルジェリア軍と武装集団のあいだでは散発的に銃撃戦が繰り広げられた。また、上空ではアルジェリア軍のヘリコプターが飛行し、それをめがけて陸上から武装集団の地対空砲が発射されたという。外国人の人質は、依然、首や胴体に爆弾コードを巻かれたまま、人間の盾として外に座らされた。アルジェリア軍の攻撃を牽制するため、軍の偵察機やヘリコプターから人質の様子が見えるように配置されたとみられる。

武装集団は拘束している外国人人質の様子をビデオ撮影し、インターネットの動画サイトにアップロードしようと試みていたようである。しかし、襲撃直後の銃撃によって居住区内は停電していたため、武装集団はインターネット経由での情報発信をあきらめ、外国メディアに直接電話をして要求を伝えることになる。

居住区では、武装集団が人質を連れてプラント地区に移動をする準備を始めていた。そして、武装集団からの要求と脅しはしだいに過激になっていく。

午後二時四〇分頃、スタットオイル社に電話が入り、武装集団は居住区からプラント地区に移動することを告げ、アルジェリア軍を後退させるように要求した。そして、もし要求が聞き入れられない場合は人質を一人ずつ順番に殺すと脅迫した。その一〇分後には、武装集団は拘束している一三人の外国人人質の名前を挙げ、さらにそのほかに七人のフィリピン人人質と一三人の日本人人質がいると述べて、再度、アルジェリア軍の後退と上空のヘリコプターの飛行を停止するように要求する。その際もこの要求が果されない場合には人質を殺害することを宣言し、最初に殺害する人質の名前も挙げたという。

その後も武装集団からの要求は繰り返される。午後五時四〇分頃には、武装集団は居住区からプラントに移動することを再度宣言し、アルジェリア軍が一五分以内に居住区から後退しない場合には人質の殺害を始めると脅迫した。

日が暮れて太陽が沈むと、武装集団はライトをつけた車を施設外に向けて並べ、停車させた。ライトを

【時系列表】居住区・1日目

2013年1月16日（水）

05：30過ぎ

●居住区からバスが出発

●居住区から約300メートル地点でバスが銃撃を受け，憲兵隊が応戦

05：40頃

●武装集団が居住区を襲撃して侵入。外国人を拘束

●外国人数人が死亡

07：20頃

●アルジェリア軍がバスの襲撃現場を掌握し，乗客を救出

08：25頃

●武装集団がBP本社やスタットオイル本社に電話し，要求を伝える

09：00頃

●居住区のアルジェリア人の一部が解放される

午後

●アルジェリア軍と武装集団のあいだで散発的に銃撃戦が発生

●武装集団からBP本社等に要求の連絡

外側に向けて照らし、アルジェリア軍の救出作戦を妨害したのである。外国人人質は二つのグループに分かれて外に座らされたまま夜を過ごした。人質には毛布とわずかな食べ物や水などが与えられただけであった。

居住区では停電によって携帯電話基地局が機能しなくなり、人質から外部への電話連絡が途絶えていた。アルジェリア人の人質に配電施設の修理作業をさせたが、電力は復旧しなかったため、武装集団は携帯電話による通話はあきらめ、衛星電話で外部との連絡を続けた。

この夜、日揮の居住区では、身を隠していた一一人の外国人がアルジェリア人警備員とともに脱出することに成功している。日揮の居住区に侵入していた武装集団は拘束した外国人人質とともにメイン居住区にすでに移動していたためである。

また、メイン居住区内の北側にあった医療施設内で身を隠していた外国人四人は、アルジェリア人スタッフの

制服に着替え、アルジェリア人スタッフとともに、明け方早く、金網フェンスを破って脱出し、アルジェリア軍に保護された。夜間の脱出ではアルジェリア軍に武装集団と間違われて誤射される恐れがあると考え、明け方を待ったという。なお、このときに脱出し、のちにイギリスのガーディアン紙のインタビューに答えた一人は、医療施設内の無線で武装集団の通信を傍受し、彼らが人質を連れてプラントに移り、そこですべての人質をプラントとともに爆破すると話していたと証言している(7)。

事件発生一日目の夜が過ぎた。夜間は散発的に銃撃音が聞こえるのみであった。アルジェリア軍の本格的な攻撃は翌日に持ち越された。

アルジェリア軍の攻撃

二日目の朝を迎えた。のちの人質の証言によると、この日の朝から武装集団はいっそういらだちを募らせ、緊迫した空気が漂っていたという。

そして、夜明けとともに、アルジェリア軍の攻撃が始まり、居住区には激しい銃撃音が響きわたった。

武装集団はアルジェリア軍の攻撃に焦りを感じたのであろう、軍の攻撃を停止させようと、各所に電話をかけて要求を繰り返す。例えば、午前七時五分には、BP社に衛星電話で連絡し、同社の人質の口から、アルジェリア軍の攻撃を停止しなければ人質の殺害を実行すると伝えさせた。さらにこの一時間後にも再び同社に電話し、同じ内容を繰り返し伝えるとともに、アルジェリア軍の攻撃は止むどころか、さらに激しくなっていると非難した。武装集団は、同社に対し、この状態が続けば、正午に人質全員を殺害すると予告したという。武装集団は、ＢＰ社以外にも、人質を使って会社や家族、大使館、外国メディアに連絡させ、アルジェリア軍の攻撃の即時停止を強く要求した。

午前九時二〇分、アルジェリア軍の軍用ヘリコプターが居住区に攻撃を行う。ヘリコプターからの攻撃とみられる砲弾が居住区の食堂などを直撃した。

なお、居住区の武装集団のなかに、メンバーを統率し、指揮をとる実行犯のリーダーとみられる年長の男がいた。仲間から「タハール」と呼ばれていたアルジェリア出身のモハメド・ラミン・ベンシュネブである。アルジェリア軍のヘリコプターは、ベンシュネブに狙いを定め、銃撃する。これによってベンシュネブは負傷し、さらにヘリコプターは居住区内の建物や車両を破壊した。この機に乗じて、居住区内にいた数百人のアルジェリア人は手薄になったゲートに駆け出し、その多くが脱出に成功した。この後、アルジェリア軍の攻撃作戦は一時的に中断した。

外国人人質の一人が武装集団に呼ばれ、負傷したベンシュネブへの治療を指示された。このとき、居住区における混乱と緊張度は極限状態に至ったと想像される。いつまたアルジェリア軍の攻撃が再開されるか、わからなかったからである。

正午頃、武装集団のメンバーは、外国人人質に対して、居住区からプラント地区への移動を開始すると告げた。

プラントへの移動

武装集団は移動のために車両を準備し、外国人人質を国籍別に分乗させた(8)。人質は、武装集団を守るための人間の盾として窓側の席に座らされた。また、後方のラゲッジスペースにも人質が座らされ、さらに後方窓ガラスは壊されて、マシンガンが設置された。人質は、アルジェリア軍の攻撃を牽制するため、爆弾を装着させられ、さらに窓から手を出してその存在をアピールするように命令された。なお、車には即製の自爆用プラスチック爆弾もセットされたという。

正午過ぎ、武装集団と人質を乗せた六台の車が居住区のゲートから猛スピードで飛びだした。六台の車は散り散りとなり、ある車は舗装道路を、ある車は土漠の荒野をうねりながら猛烈な勢いでプラントへ向かって暴走した。

アルジェリア軍は、移動を阻止しようと、地上あるいは上空から攻撃し、武装集団側も車から応戦した。そのうちの一台は、居住区のゲートを出たとたん、なにかに衝突したのか、二度三度横転し、爆発して炎上した。もう一台は、居住区からプラントへの道を数百メートル走ったあと、アルジェリア軍の銃撃を浴びて停止した。さらに、その近くで、もう一台が横転し、爆発して炎上した。なお、この車に乗っていた実行犯リーダーのベンシュネブはのちに遺体で発見され、同乗していたもうひとりのメンバーはアルジェリア軍に拘束された。

残りの三台の車は、プラント近くにまで迫っていた。そのうちの一台は、舗装道路を猛スピードで進み、プラント近くで、スピードを落とさないまま、舗装道路と併走する未舗装の走路に飛び出した。車は、走路横の柱と接触しそうになり、急ハンドルを切った結果、横転して、プラントから二〇〇メートルのところで停止した。武装集団のメンバーは爆弾を起爆したが、部分的な小さな爆発しか起きず、四人の人質は横転した車から脱出して生き延びた。なお、この車に乗っていた武装集団のメンバーは、プラントに向かって走り去り、プラント内の仲間と合流した。そのほかの二台の車は、いずれもプラントから数百メートルのところで停止し、爆発炎上した。このとき、少なくとも三人の人質が生存していたことが、他の生存者によって目撃されているが、一人は深傷を負って亡くなり、残りの二人はプラント地区内に身を隠していたが、のちに武装集団に発見され、殺害された。

一連の過程で、大半の車が爆発炎上したが、これが武装集団の自爆装置によるものか、アルジェリア軍の攻撃によるものかは明確ではない。

車に乗せられた外国人人質のうち、八人は救出されたものの、二六人が亡くなり、二人は再びプラント地区で武装集団に拘束された。なお、武装集団の多くは死亡したが、数人は仲間のいるプラント地区にたどり着いた。

武装集団が去ったあとの居住区は、同日午後三時頃、アルジェリア軍によって安全が確認され、居住区内で身を隠していた人質が救出された。

【時系列表】居住区・2日目

2013年1月17日（木）

09：20頃

●アルジェリア軍のヘリコプターが居住区を攻撃

●アルジェリア人数百人が脱出

正午過ぎ

●外国人人質を乗せた車両6台が居住区からプラント地区に向かう

●移動を阻止するため，アルジェリア軍が攻撃　→6台の車は爆発炎上

●外国人人質8人は救出されたが，26人が死亡

●武装集団は3人拘束，18人死亡，数人はプラント地区内の仲間に合流

15：00頃

●アルジェリア軍が居住区内の安全を確保し，人質を救出

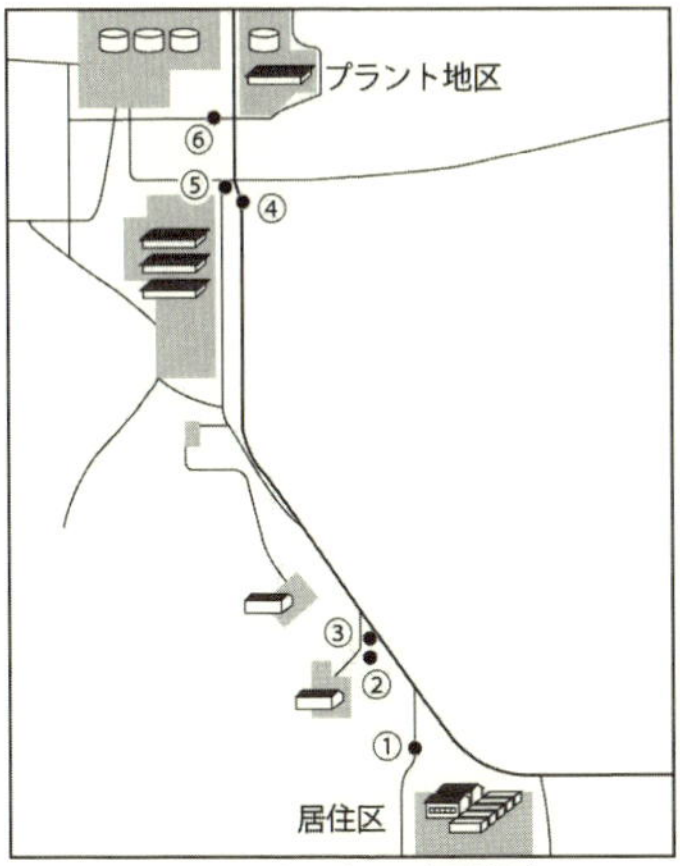

図1-5：6台の車両の爆発地点

爆発炎上した車両の残骸
（1月31日 写真提供：共同通信社）

プラント地区への襲撃

事件が発生した一六日早朝、武装集団が居住区を襲撃していたのと同じ頃、約三・五キロ離れたガスプラントにも、二台の車に乗った武装集団が現れ、内部に侵入していた(9)。

プラント地区にあるメインオフィスでは火災報知器が鳴り、外でなにが起きているのか知るよしもなかった四人の外国人スタッフは、あらかじめ定められていた避難場所に向かうため、外に出た。そこに武装集団が現われたのである。武装集団はマシンガンを構え、外国人スタッフに「お前たちは人質だ」と宣告したという。駐車場に連行された外国人四人は後ろ手に縛られ、三人がピックアップトラックの荷台に、一人が四輪駆動車の後部座席に乗せられた。武装集団は、人質を連れて別のオフィスに向かった。

なお、二台の車で乗りつけた武装集団は、プラント地区内に侵入を図る際、ゲートを閉じようとしたアルジェリア人警備員を銃撃していた。足を撃たれた警備員は、這いながら近くの側溝に逃げ込み、そこに身を隠して二日後に救出されている。

技術サポートオフィスでは、外国人スタッフの一人が武装集団の侵入を目撃しており、すぐさまオフィス内の他のスタッフとともに、室内にあったキャビネットなどの重量物でドアにバリケードを築き、部屋に閉じこもった。オフィスに侵入してきた武装集団は、大声で叫びながら次々と部屋のドアを開けて外国人を捜索し始めたが、外国人スタッフらがバリケードをつくって閉じこもる部屋はどうしても破ることができず、別の建物に向かった。

採掘部門のオフィスでは、当初、スタッフらが避難場所に向かうため外に出たが、武装集団が侵入してきたことを悟り、オフィス内にそれぞれ逃げ戻った。武装集団が同オフィスを捜索し始めた際、四人の外国人は身を隠すことに成功したが、二人の外国人は発見され、拘束された。オフィス内のアルジェリア人スタッフが武装集団にこの外国人スタッフの解放を懇願したが、聞き入れられず、外国人スタッフは連行された。

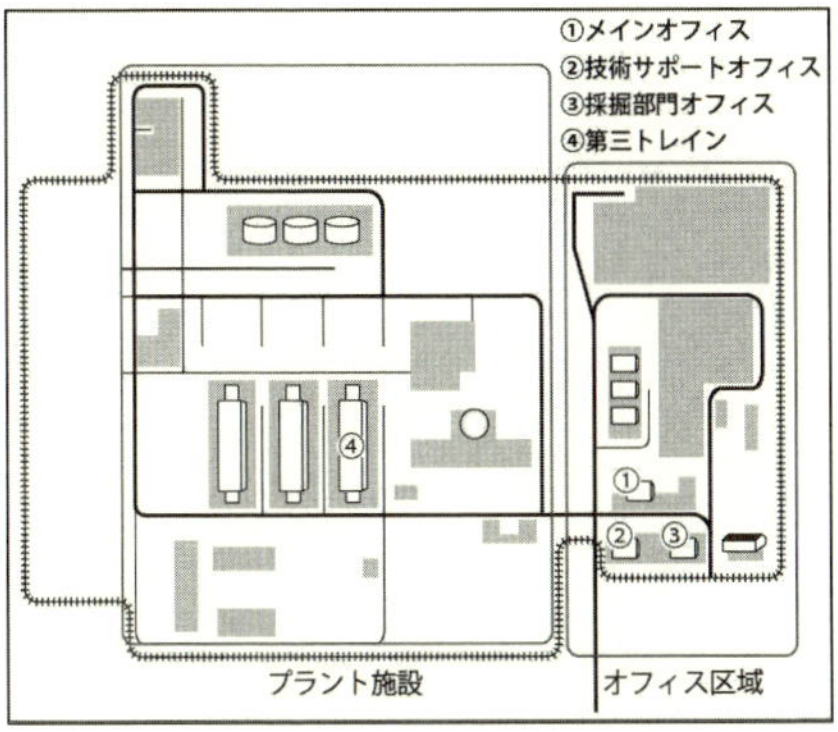

図 1-6：プラントとオフィス区域の位置関係

武装集団が六人の外国人人質を連れてプラントのコントロールルームに移動した時には、そこにいた外国人スタッフはすでに退避していた。そのうち三人は同オフィス内の別の部屋に隠れ、他の二人は別のオフィスに逃げ込んで難を逃れた。三人はのちに脱出し、二人はそのまま救出されるまでの三日間隠れ続けた。

武装集団は、人質の外国人技師に、停止していたガスプラントを再稼働するように命令した。再稼働させた上で爆弾を仕掛け、プラント全体を爆破しようとしていたとみられる。しかし結局、ガスプラントを再稼働させることはできなかったため、武装集団は人質を連れて、プラント内の第三トレインと呼ばれる場所に移動した。

そこで人質は車から降ろされ、コンクリートの床の上に仰向けになるように命じられた。このとき、外国人人質の一人が後ろ手に縛られているひもが緩んでいることに気づき、逃走するチャンスをうかがっていた。そして、武装集団に悟られないようにひもをほどき、一瞬の隙を突いて駆け出し、パイプの張り巡らされたプラントをジグザグに縫いながら逃走した。武装集団の一人が、「止まれ、殺すぞ」と叫びながら追いかけたが、プラントの配置を良く知る外国人技師は施設に紛れ込み、姿を消した。この時、午前六時半でまだあたりは薄暗く、視野が限られていたことも幸いした。その後、外国人技師は有刺鉄線が走る二つのフェンスを乗り越えて脱出し、憲兵隊に救出された。

プラントのオフィス区域では、その後、銃声もなく、静かであった。武装集団に拘束されていないアルジェリア人スタッフの多くが、オフィス内で身を隠している外国人スタッフの安全確保のために区域内に留まり、支援を続けた。

あるアルジェリア人スタッフは、武装集団の動きを監視しつつ、隠れている外国人スタッフに携帯電話のメッセージで危険を知らせ、別のアルジェリア人スタッフは、プラントを囲むフェンスの一部を破って脱出路をつくり、外国人の救出に備えた。

ただし、この日午後、隠れていた外国人技師の一人は、事態が終息したと思い込み、外に出たところを武装集団の一人に発見され、のちに殺害された。

事件の終局

事件二日目の一七日早朝、アルジェリア人スタッフのグループが、オフィス内に隠れていた外国人四人を誘導し、ともに脱出路から外へ出た。数人のアルジェリア人スタッフは、武装集団を監視するため、再びプラント地区内に戻っていった。

正午過ぎ、居住区からプラントに向かう武装集団の車とアルジェリア軍による戦闘が、プラント地区にいる人々からも目撃されていた。

それから約三〇分が過ぎた頃、重傷を負った二人の外国人がプラント地区内の技術サポートオフィスに逃げ込んできた。プラント近くで停止し炎上した車から逃げてきた二人とみられる。同オフィスに身を隠していた外国人スタッフは、その様子を見てすぐに向かいの採掘部門オフィスのスタッフに救護を求めた。救急医療に詳しいその外国人スタッフは、隠れていた場所から技術サポートオフィスに駆け込み、負傷していた二人の治療を始めた。

しかし、異変に気づいたのか、武装集団の二人のメンバーが技術サポートオフィスに近づいてきた。救急手当てをしていた外国人スタッフは負傷した二人をオフィス内に隠し、自らも隠れ場所に逃げ込んだ。武装集団のメンバーはオフィス内を捜索し、重傷を負っていた二人の外国人を発見する。そして、二人が治療を受けていた痕跡を見て、その治療をした人間はどこに隠れているのか激しく問いただしたという。

その後、二人は外に連れ出され、殺害されたとみられる。

午後二時一〇分頃、プラント地区の武装集団からロンドンのＢＰ社に電話があった。その内容は、人質の半分を殺害したこと、そしてアルジェリア軍が後退しなければ、残りの人質も殺すというものであった。これが同社にあてた武装集団からの最後の電話連絡となった。事件現場は、二度目の夜を迎えた。

一八日午前二時頃、技術サポートオフィスに隠れていた外国人とアルジェリア人の八人が武装集団に見つからないようにオフィスを出た。一団は、暗闇に紛れながら、約三メートルあるフェンスをよじ登り、有刺鉄線を乗り越えて脱出した。そのまま砂漠をさまよいつつ、一五時間歩き続け、プラントから約一〇キロ東にある小施設にたどり着き、その後、憲兵隊に発見されて救出された。

同じく一八日午前七時三〇分頃、採掘部門オフィスにいた外国人はアルジェリア人スタッフに導かれて、フェンスの一部を壊してつくっておいた脱出口を抜けて外に出た。一団は、プラントから約三〇〇メートルのところに待機していた憲兵隊に救出された。なお、彼らは、プラント地区から約三キロ離れたところにある警備ポイント付近に移動したが、正午過ぎにプラント方面で激しい銃撃音が聞こえたと証言している。アルジェリア軍の特殊部隊によるプラント地区への侵入作戦が始まったとみられる。

午後二時頃には、アルジェリア軍がプラントのオフィス区域を通り、東側からプラント施設に突入作戦を始めたようである。しかし、プラント内でのその後の詳しい経緯は、証言者がいないため、よくわかっていない。

【時系列表】プラント地区

2013 年 1 月 16 日（水）

05：40 過ぎ

- 武装集団がプラント地区を襲撃して侵入。オフィスを捜索し，外国人を拘束

午前

- プラント施設の第 3 トレイン付近に移動

2013 年 1 月 17 日（木）

正午過ぎ

- 数人の武装集団メンバーが居住区から合流

2013 年 1 月 18 日（金）

正午過ぎ

- アルジェリア軍がオフィス区域への侵入作戦を開始

14：00 頃

- アルジェリア軍がプラント施設への侵入作戦を開始

16：00 頃

- 第 3 トレイン付近で大きな爆発が発生

2013 年 1 月 19 日（土）

10：00 頃

- アルジェリア軍の突入作戦が開始

11：00 頃

- アルジェリア軍が武装集団を掃討し，メンバー11 人が死亡
- 外国人人質 7 人の死亡が確認

プラント施設外観（1 月 31 日 写真提供：共同通信社）

午後四時頃、プラント施設の第三トレイン付近で大きな爆発が起きる。武装集団が爆弾を起爆させ、プラントの破壊を図ったものとみられる。このときの爆発は、技術サポートオフィスから脱出し、砂漠をさまよっていた一団からも確認されている。プラントから約一〇キロ離れた地点でも、爆発の衝撃による揺れと轟音が響いたという。プラントでは大きな火柱が上がり、黒い煙が立ちこめた。火は、翌朝まで激しく燃え続けたという。

翌一九日午前、アルジェリア軍の特殊部隊による最終的な突入作戦が開始されたとみられる。アルジェリア紙の報道によると、軍と武装集団の銃撃戦は一時間以上続き、武装集団メンバー一一人は掃討され、午前一一時頃には軍の攻撃は止んだという。なお、アルジェリア政府は、軍の突入作戦が始まる前に武装集団が外国人人質全員を射殺していたと説明している(10)。

事件発生から三日後の一九日夜、アルジェリア政府はすべての作戦が終了したことを公式に発表した。事件の犠牲者は、日本人、フィリピン人、イギリス人、ノルウェー人、アメリカ人、マレーシア人、ルーマニア人、アルジェリア人、フランス人、コロンビア人の計一〇カ国四〇人に及んだ。日本人犠牲者は各国の中でもっとも多い一〇人を数えた。やりきれない痛恨の結末である。なお、武装集団のメンバー三二人のうち、二九人は死亡し、三人はアルジェリア軍に拘束された。

【注】

（１）BP［2014］*Statistical Review of World Energy 2014*. (http://www.bp.com/content/dam/bp/pdf/Energy-economics/statistical-review-2014/BP-statistical-review-of-world-energy-2014-full-report.pdf)

（２）ソナトラック社の正式名は、炭化水素探査・生産・輸送・変換・販売国営会社（Société Nationale pour la Recherche, la Production, le Transport, la Transformation, et la Commercialisation des Hydrocarbures）。なお、炭化水素資源とは、原油や天然ガスなどの化石燃料を指す。ソナトラック社を炭化水素公社と訳す場合もあるが、本書では国営石油会社とする。

（３）本章で参照した主なメディアは次のとおり。日本国内：朝日新聞、毎日新聞、読売新聞、ＮＨＫ。アルジェリア国内：APS, El Moudjahid, El Watan, L'Expression, Le Quotidien d'Oran, Liberté. 欧米その他：AFP, ANI (Agence Nouakchott d'Information), Jeune Afrique, Le Monde, The Guardian, Reuters.

なお、以下では、複数のメディアによって報道された内容についてはそのつど注を付けることはせず、独自の情報である場合のみ出典を示すこととする。

（４）スタットオイル社の調査報告書は次のとおり。Statoil [2013] *The In Amenas Attack:Report of the investigation into the terrorist attack on In Amenas*. (http://www.statoil.com/en/NewsAndMedia/News/2013/Downloads/In%20Amenas%20report.pdf)

（５）エル・ワタン紙記事："Mohamed Amine Lahmar inhumé hier à Mahdia", *El Watan*, 20/01/2013.

（６）ガーディアン紙記事："Timeline of the In Amenas siege: Using survivors testimonies, we piece together the story of what happened at the gas facility in the desert", *The Guardian*, 25/01/2013.

（７）ガーディアン紙同記事。

（８）プラント移動時の事態については、スタットオイル社の調査報告書二八〜三一頁を参照。

（９）プラント地区での事態については、報道が少ないため、スタットオイル社の調査報告書を主に参照した。

（１０）エル・ワタン紙記事："Sept derniers otages exécutés par les terroristes", *El Watan*, 20/01/2013.

第二章――情報をめぐって

今回の事件では、事件現場でいったいなにが起きているのか正確な情報が外部に伝わらなかった点が大きな問題となった。それでは、事件現場の外部ではどのように事態が進行していたのか、事件の発生から時系列をたどりながらみていこう（1）。

事件の第一報

事件発生の第一報は、現場からの直接連絡によってもたらされた。

武装集団による襲撃から約一〇分後の一六日午前五時四九分（日本時間午後一時四九分）、スタットオイル社のイナメナス事務所から、アルジェリア国内の別のプロジェクト現場であるハッシメサウド事務所に事件発生の第一報が電話で伝えられた。そのすぐあとには同社のアルジェ事務所に対し、携帯電話のメールで緊急事態発生のメッセージが送られ、午前六時一八分には、イナメナスのプラントオフィスからノルウェー国内にあるスタットオイル社の緊急センターに電話で事件の発生が伝えられた。このあと、ノルウェー政府やイギリス政府をはじめ、各国政府に情報が伝わっていく（2）。

日本政府への第一報は日揮アルジェ事務所を通してもたらされた。のちに公表された日本政府の検証委員会報告書(3)によると、イナメナスのガスプラントが襲撃を受けたとの第一報が日揮アルジェ事務所から在アルジェリア日本国大使館に入ったのは、午前七時三〇分(日本時間午後三時三〇分)であった。さらに、午前八時二〇分(日本時間午後四時二〇分)には日揮職員が人質となっている模様であるとの連絡が同大使館に入っている。同じ頃、東京の外務本省にも直接、別ルートで情報が入ったようである。イギリスやノルウェーなどからの外交ルートであろう。

午前八時三〇分、在アルジェリア日本国大使館では川田大使を本部長に現地対策本部が設置され、午前八時四〇分(日本時間午後四時四〇分)には外務省内で領事局長をトップに対策室が設置された。さらに、午前八時五〇分(日本時間午後四時五〇分)に岸田外務大臣が知らせを受け、すぐさま外務大臣を長とする対策本部に格上げされた。

なお、同日、安倍首相は、前年一二月の首相再就任以降初めての外国訪問に出発したところであった。訪問先はベトナム、タイ、インドネシアの東南アジア三カ国である。とくに、一八日にはインドネシアのジャカルタで開かれる日本・ASEAN友好協力四〇周年記念式典に出席し、安倍首相自ら外交方針に関して演説を行う予定であった。

安倍首相がアルジェリア人質事件の第一報を受け取ったのは、最初の訪問国であるベトナムのハノイであった。午前八時五〇分(日本時間午後四時五〇分)、菅官房長官からの連絡で事件の一報が伝えられた。

発足してまだ三週間あまりの安倍内閣にとっては、危機管理能力が試される事態でもあった。官邸内では、内閣危機管理監を長とする対策室がただちに設置された。関係機関では、警察庁および経済産業省内にもそれぞれ対策室が設置され、正午（日本時間午後八時）には関係省庁会議が開かれた。

記者会見を行う菅官房長官（1月16日夜・首相官邸にて　写真提供：共同通信社）

一六日午後一時（日本時間午後九時）、菅官房長官が本件に関する最初の記者会見を行い、アルジェリアにおいて日本企業の社員数名が武装集団に拘束されたとの情報があると発表した(4)。なお、事件に巻き込まれた人数を含めて、現在、情報を確認中であるとしたが、記者の質問に答える形で当該企業が日揮であることを認めた。

また、菅官房長官は、安倍首相からの指示として、被害者の人命を第一とした対処をすること、情報収集を強化し、事態の掌握に全力を尽くすこと、当事国のアルジェリアを含め、関係各国と緊密に連携をすることという三点について説明した。このあと、日本政府は、人質の人命を最優先とする方針に基づき、関係各国との連携を強めていく。

日本政府の初動の対応は対策本部の設置など組織的にはかなり迅速であったといえよう。しかしながら、具体的な対応としては、情報収集と不確かな情報の確認作業に追われ、有効な対策は打ち出せないままであった。その最大の原因は、アルジェリアからの情報が錯綜し、事態の把握が充分に行えなかったことにある。

アルジェリアの情報管理体制

ここで、アルジェリアにおける情報管理体制について確認しておこう。

アルジェリアで治安関係の情報を管理するのは、軍情報部（DRS）と呼ばれるアルジェリア軍の諜報担当の部局である。アルジェリアでは国内政治における軍の影響力は非常に大きく、そのなかでも軍情報部は実質的に軍の指導部を担っているといわれる。軍部の意向あるいは軍部の決定といえば、それは軍情報部の意向であり、決定を意味している。

軍情報部内では、二〇年以上の長期にわたって同部局のトップを務める通称トゥフィック将軍ことモハメド・メディエンヌ将軍を中心に合議的に意思決定が行われているといわれるが、詳しい実態は明らかになっていない(5)。アルジェリアにおける政治過程がブラックボックスといわれるゆえんである。

軍情報部は、第三章でみるとおり、一九九〇年代以降のイスラーム武装勢力との戦いで重要な役割を果し、国内政治における影響力を強めてきた。一九九九年に就任したブーテフリカ大統領との関係では、大統領陣営と軍情報部とのあいだでシーソーのような微妙なバランスを保ちつつ、実際の政治運営が進められてきたといわれる。そして、ブーテフリカ大統領の健康問題が懸念される近年においては、軍情報部の影響力はいっそう増してきているという指摘もある。

このように、国内で大きな影響力を持つ軍情報部が治安情報を一括して管理しているのである。そして、軍情報部にとって治安情報は権力の源泉であり、そうであるがゆえに、普段から治安情報はトップシークレットとして扱われ、外部からの情報収集は困難を極める。アルジェリア政府内の人間でさえも、治安情報にアクセスするのは容易ではないほどである。

ただし、アルジェリアのメディアは政府や軍に統制されており、報道の自由はないという指摘がなされることがあるが、これは誤解である。アルジェリアでは、政府のもとに一元的にメディアが管理されているという状態にはなく、むしろメディア活動は非常に活発に行われているのである。

アルジェリア国内には、政府系のエル・ムジャヒド紙があるが、それ以外にもエル・ワタン紙やリベルテ紙などの独立系日刊紙が数十紙あり、自由な論調で独自の報道が行われている。ブーテフリカ大統領を含め、政府に対して厳しい批判がなされることも珍しいことではない。有力紙のなかには、論説記事や特集記事などで質の高い報道がしばしばみられる。なお、外国メディアによるアルジェリア政府批判の記事なども国内で発禁処分などの規制措置がとられることはほとんどなく、比較的自由に報道がなされている(6)。

ただし、さきほど指摘したとおり、とくに治安情報に関しては軍情報部の情報管理体制が徹底しており、内務省から発表される情報は限定されるため、結果として報道が制限される形になっているのである。

アルジェリア国内に常駐の記者を置く欧米系の外国メディアは、筆者の知る限り、ＡＦＰ通信とロイター通信である。両メディアは、今回の事件でもいち早くアルジェリア国内から事件の発生を伝え、その後も独自の情報ルートで取材・報道活動を行った。

なお、AFP通信とロイター通信は、二〇一〇年に、テロ事件に関して誤報を報じたとしてアルジェリア内務省から記者証を一定期間剥奪されるという処分を受けている。これは、治安情報に関して勝手な報道は許さないという軍情報部からの暗黙の圧力であったと考えられるが、実際にはその後も両メディアの記者活動は継続的に行われた。また、政府の圧力で一部の独立系メディアに対しては政府系の印刷工場を使わせないなどの妨害措置があるのも確かではあるが、一般的にアルジェリアではメディアの活動そのものに対して政府の介入が行われることはほとんどなく、報道自体は活発である。

今回の事件においても、独立系メディアは、軍情報部や政府内部への独自の取材ルートを通じて、あるいは人質への直接の電話インタビューなどによって、内務省発表以外の情報を入手し、活発な報道が行われた。ただし、こうした独自ルートの情報は信ぴょう性に乏しい場合が多く、そのため、誤報を含めた未確認の情報によって混乱が生じたのも事実である。

すなわち、今回の事件であいまいな情報が錯綜する事態を招いた原因は、治安情報を軍情報部が独占的に管理していたために情報の収集が困難で正確な情報が外部に伝わりにくかったことと、独立系メディアによって非公式ルートでの未確認情報が報道されたためにかえって情報が混乱したことなど、アルジェリアの治安情報をめぐる複雑な事情があったのである。

武装集団のメディア利用

一方、武装集団の側が自らの要求や主張を公表するために主に利用したのは、隣国モーリタニアのメディアであった。とくに、ヌアクショット通信（ANI）は、事件の首謀者であるモフタール・ベルモフタールからビデオ声明が送られるなど、武装集団による声明の窓口となった(7)。

ヌアクショット通信は、カタールのテレビ局アルジャジーラの現地記者であったアブー・エル・マアリが二〇〇七年に設立した民間の通信社である。わずか七〜八人のジャーナリストで構成される小さな通信社であるが、マリ北部などに潜伏するイスラーム系武装勢力と特別な取材ネットワークを持ち、テロ情報などに関して独自の情報を伝えることで知られる。ヌアクショット通信が一躍有名になったのは、二〇一一年一一月、今回の事件の首謀者であるベルモフタールへのインタビューに成功したことである。メディアとしては初めてのインタビューであった。こうした経緯もあり、今回、武装集団からの声明がヌアクショット通信を通じてたびたび発表されることになったとみられる。

一六日午後（日本時間一六日深夜）、ヌアクショット通信を含めたモーリタニアの二つのメディアのインターネット・サイトに、武装集団の犯行声明が掲載された。「武装集団のスポークスマン」を名乗る実行犯の一人がヌアクショット通信の記者に電話で伝えたという声明によれば、アメリカ人七人のほかフランス人、イギリス人、日本人など計四一人の外国人を拘束したこと、また、犯行の動機としてマリ北部へのフランスの軍事介入に際してアルジェリア政府が協力したこと、すなわちマリ北部の空爆に向かうフランス軍用機にアルジェリア政府が領空飛行許可を与えたことに対する報復であるとした。

たしかに、アルジェリア人質事件五日前の一月一一日、フランスはマリ暫定政府の要請に基づき、イスラーム武装勢力が実効支配していたマリ北部への空爆を行い、軍事介入に踏みきっている。その際、アルジェリア政府は、フランス軍用機がアルジェリア領空を飛行する許可を与えていたのである。

武装集団が事件当初にこのような声明を出したため、アルジェリア人質事件のきっかけがフランスのマリ軍事介入にあるという内容の報道がなされた。ただし、状況からみて、ガスプラントと居住区への襲撃はかなり以前から計画と準備はなされていたと考えるのが妥当であり、フランスのマリ軍事介入が人質事件の直接的な動機であったとは考えにくい。あとで検討するとおり、これは武装集団による情報戦の一環であったと思われる。

事件の首謀者ベルモフタール（写真提供：AFP＝時事）

なお、武装集団は、一七日午前九時過ぎ（日本時間午後五時過ぎ）、アルジャジーラ・テレビに電話し、人質の口を通して施設を包囲しているアルジェリア軍の後退などアルジェリア政府への要求を伝えている。このときの放送では、拘束されていた日本人人質の音声が流れ、人質のなかに日本人が含まれていることがあらためて明白になった。前章で指摘したとおり、武装集団からメディアへの電話連絡はこのほかにも何度も繰り返された。

各国の連携

事件発生後、日本を含めた関係各国は、現地国での情報収集に努めるとともに、アルジェリアのブーテフリカ大統領やセラル首相、メデルチ外相と電話による首脳会談や外相会談を行い、関係国のあいだでもお互いに連携して事態に対処していくことを確認し合っていた。

日本政府の対応では、一六日午後三時三五分（日本時間午後一一時三五分）、岸田外相がアルジェリアのメデルチ外相と最初の電話会談を行っている(8)。

会談後に岸田外相が記者会見で発表した内容によると、「日本政府として極めて事態を憂慮している。こうした行為は断じて許すことはできない」と伝えるとともに、早期解決のためにアルジェリア政府の協力を要請したという。また、アルジェリア政府に対して日本人を含む人質の人命を最優先とするように強く要請し、メデルチ外相から「日本の人質の無事救出に向けて最大限の配慮をする」との回答を得たという。

ただし、記者会見では、日本人人質の人数や安否などについては確認中であり、また、こうした事案の性質上、発言を控えるとして詳細は明らかにされなかった。なお、岸田外相は、ヨーロッパ訪問中の城内外務政務官をアルジェリアに早期に派遣する方向で調整していると発表した。

このあと、岸田外相は、ノルウェーのアイデ外相、イギリスのヘイグ外相、フランスのファビウス外相とそれぞれ電話会談を行い、緊密な連携を取っていくことを確認した。これらの会談では、事件に関する情報の共有とともに、人質の人命を最優先とする日本政府の方針への共同歩調を呼びかけたものとみられる。また、岸田外相は、来日中のキャンベル米国務次官補と会談し、アルジェリア人質事件に関して日米間においても緊密に連絡を取り合うことを確認した。

あとでみるとおり、東南アジア訪問中の安倍首相もこのあとアルジェリアのセラル首相やイギリスのキャメロン首相と電話会談を行っている。

アルジェリア政府の発表

事件当日の一六日午後(日本時間一七日未明)、アルジェリア内務省は、アルジェリア国営通信(APS)を通じてコミュニケを発表し、事件の発生を公式に認めた。コミュニケは、「重武装をしたテロリストの一団が一六日午前五時、三台の車に乗り、イナメナスのガス施設の居住区に侵入」し、「外国人を含む多数の人質を取った」というものである。また、居住区から空港に向かっていたバスが襲撃され、アルジェリア人一人とイギリス人一人の二人が死亡し、六人が負傷したこと、さらに、現在、アルジェリア軍の治安部隊が現場に到着し、「事態の迅速な解決のためにあらゆる処置をとっている」と発表した(9)。

同日夜、ウルドカブリア内相はアルジェリア国営テレビのインタビューに答え、居住区を襲撃したのはベルモフタールの配下にある武装集団で、マリやリビアなどの隣国からではなく、アルジェリア国内に潜伏していた二〇数人が実行犯であると述べた。そして、現在、治安部隊が施設を包囲しているとした上で、アルジェリア政府は、「テロリストの要求や交渉にはいっさい応えない」と言明した(10)。

このインタビューでは、今回の事件をアルジェリア国内に潜伏していた武装集団による犯行であるとしており、アルジェリア政府が武装集団の襲撃ルートに関して情報を見誤っていたことがうかがえる。

さらに、ウルドカブリア内相の発言で注目すべき点は、武装集団からの要求や交渉をいっさい拒否すると明言していることである。アルジェリア政府の事件に対する方針を象徴的に示しているといえよう。こうした強硬とも思える方針については、のちほどあらためて検討しよう。

メディアの反応

事件発生後、日本のメディアにも、外国メディアを通して事件の発生と日本人拘束の第一報が伝わった。一六日午前一〇時四五分(日本時間午後六時四五分)頃、NHKがロイター通信の報道として、イスラーム武装勢力がアルジェリアの石油施設から日本人五人とフランス人一人を連れ去ったと速報を流している。ただし、事件の詳細については不明で、日本の外務省が情報を確認中であると報道された。

日本人人質の安否については、一六日午後一時(日本時間午後九時)の菅官房長官の記者会見で日本人が拘束されている可能性があると発表されたが、さらに日本時間の同日夜に開かれた与党対策本部に出席した国会議員の話として、事件発生当時、当該施設に滞在していた日本人は一七人で、そのうち四人の無事が確認されている一方、三人が拘束され、残り一〇人が安否未確認であると伝えられた(11)。「無事が確認された四人」とは、襲撃時に日揮のプロジェクト事務所にいたため、難を免れた四人であると思われる(12)。

一七日付け朝刊各紙は、こうした情報をもとに、「アルジェリア三邦人拘束」(読売新聞)、「アルジェリアで邦人人質」(朝日新聞)、「日本人社員三人拘束」(毎日新聞)などの見出しで、一面のトップニュースとして大きく報道した。

さらに、一七日未明(日本時間一七日午前)にモーリタニアのヌアクショット通信が伝えた武装集団の犯行声明で、武装勢力がフランスのマリ軍事介入の停止を要求したというニュースが伝わったことから、同日の各紙夕刊では、フランスのマリへの軍事介入停止という武装集団の要求も大きく報道された。

ただし、事件現場の状況に関する報道は、アルジェリア内務省の発表や人質からの電話連絡などで得られた断片的な情報のみで、人質の人数や安否情報、アルジェリア軍の動向などは事態が進行中であるということもあり、詳細は不明なままであった。

なお、情報不足は日本のメディアだけではなく、アルジェリアを含めた各国のメディアでも同じような状況であった。事件発生後、アルジェリア政府は、日本のメディアを含む外国メディアの記者に対して入国ビザを発給しなかったため、関係者への取材は国際電話などアルジェリア国外からの取材に限らざるを得なかった。外国メディアの記者にビザが発給され、アルジェリアへの入国が許されたのは、事件終結後の一月二六日であった。

【時系列表】各国の動向・1日目

2013年1月16日（水）

05：49（日本時間13：49）

●スタットオイル社のハッシメサウド事務所に現地事務所より事件発生の第一報

06：18（日本時間14：18）

●ノルウェーのスタットオイル社緊急センターに事件発生の連絡

07：30（日本時間15：30）

●日揮アルジェ事務所から在アルジェリア日本国大使館に事件発生の連絡

08：20（日本時間16：20）

●同事務所から日揮関係者が人質になっている旨連絡

08：30（日本時間16：30）

●在アルジェリア日本国大使館で現地対策本部が設置

08：40（日本時間16：40）

●外務省に対策室が設置，その後，対策本部に格上げ

08：50（日本時間16：50）

●ベトナム外遊中の安倍首相に連絡

10：45頃（日本時間18：45）

●NHKが事件発生を報道

正午（日本時間20：00）

●関係省庁会議が開催

13：00（日本時間21：00）

●菅官房長官が最初の記者会見。日本人拘束の情報について発表

13：00～15：00頃（日本時間16日夜）

●モーリタニアのメディアで外国人41人拘束など武装集団の犯行声明が掲載

15：35（日本時間23：35）

●岸田外相がアルジェリアのメデルチ外相と電話会談

16：00以降（日本時間17日未明）

●アルジェリア内務省が事件発生のコミュニケを発表

夜（日本時間17日早朝）

●アルジェリアのウルドカブリア内相がテレビ局のインタビューを受ける

事態の緊迫化

一七日午前一時一〇分（日本時間午前九時一〇分）過ぎ、安倍首相は滞在先のベトナムのハノイで同行記者の取材に答え、アルジェリア人質事件について「こうした行為は断じて許すことができない」と犯行を強く非難するとともに、菅官房長官に対して政府対策本部の設置など万全を期すように指示したと説明した。

安倍首相の指示を受け、午前一時三〇分（日本時間午前九時三〇分）、首相不在中のため麻生副総理を本部長代理として政府の在アルジェリア邦人拘束事件対策本部が設置された。

午前三時三〇分（日本時間午前一一時三〇分）、首相官邸で関係閣僚による第一回政府対策本部会議が開かれ、これまでどおり関係各国と連携して人命の安全確保を最優先に取り組んでいくことが確認された。会議後、菅官房長官は記者会見を開き、政府の対策状況について説明を行ったが、人質となっている日本人の人数や安否情報については、複数の情報が交錯しており、現時点では確認中として引き続き明言しなかった。

状況の変化は、事件発生二日目の午前一〇時（日本時間午後六時）、安倍首相がイギリスのキャメロン首相と行った電話会談で明らかとなった。一月二三日付け読売新聞朝刊によると、訪問二カ国目のタイのバンコクで電話会談に臨んだ安倍首相は、キャメロン首相から、「アルジェリア軍はすぐに攻撃を開始するかもしれない。安倍首相からも説得して欲しい」、「米英で『暗視ゴーグルや無人偵察機など機材の支援は惜しまない』と言っているんだが、アルジェリアは受け入れない」と切迫した声で伝えられ、安倍首相は、「私からも人命優先をアルジェリアに求める」と約束したという（13）。

このあと、キャメロン首相は、午前一二時三〇分（日本時間午後八時三〇分）、アルジェリアのセラル首相と電話会談を行い、このなかでセラル首相からアルジェリア軍が軍事作戦を実行中であるとの報告を受ける。前章でみたとおり、この時、イナメナスの事件現場では、居住区から飛び出してプラント地区に向かう車両に向けて攻撃が行われていた時間帯であった。キャメロン首相は、攻撃にあたって事前に通告してもらいたかったとセラル首相に不満を伝えたが、セラル首相は、緊急に攻撃を行う必要があったと回答したという（14）。

なお、のちの各国政府の発表によると、このときのアルジェリア軍の攻撃に関して、アルジェリア政府から各国政府への事前の通告は行われなかったようである。状況から考えると、この時の攻撃は、居住区から飛び出してきた車両に対応する形で、現場の判断で行われたものと思われる。

攻撃実行の情報

アルジェリア軍による軍事作戦が行われているとの情報が日本政府に入ったのは、一七日午後一時一〇分（日本時間午後九時一〇分）、アルジェリアのイギリス大使館から日本国大使館への電話連絡によってであった。情報はただちに日本政府およびタイの安倍首相に伝えられた。これを受け、午後二時四七分（日本時間午後一〇時四七分）、政府の第二回対策本部会議が首相官邸で開かれた。

なお、攻撃開始の情報が入る直前の午前一二時四〇分（日本時間午後八時四〇分）、城内政務官が訪問中のクロアチアからアルジェリアの首都アルジェに入国している。

午後三時（日本時間午後一一時）、城内政務官はアルジェリアのメデルチ外相と会談を行い、人質の人命最優先の観点からアルジェリア軍の攻撃を即時に中止するように求めた。作戦に懸念を示すだけでなく、攻撃の即時中止を求めたのは、他の関係国の対応と比べると、よりいっそう踏み込んだ内容であった。なお、メデルチ外相は、城内政務官の要請に対して、「人命の安全が最優先なのは日本政府と同じ認識だ」と答えたという(15)。

午後四時三〇分（日本時間一八日午前〇時三〇分）、タイのバンコクから安倍首相はセラル首相と電話会談を行う。

会談後に菅官房長官が記者会見で発表した内容によると、安倍首相は、「アルジェリア軍が武装勢力に対して軍事作戦を開始したとの情報に接しているが、これまでもアルジェリア政府には人命最優先での対応を申し入れてきたにもかかわらず、このような行動に出ていることを強く懸念している」として、「厳に控えるようあらためて要請した」という。また、安倍首相から、解放された人質のなかに日本人がいるかどうか質問したのに対し、セラル首相は、「現在まだオペレーションの段階にあるため何とも言えない」と答えたという（16）。

ただし、実際の安倍・セラル会談はより緊迫していたという報道もある。一月二三日付け読売新聞朝刊によると、安倍首相は、セラル首相に対し、「人命優先を要請していたはずだ。攻撃するとは一体どういうことか。米英の支援を受けたらどうか」と声を荒げて伝えたという。それに対し、セラル首相は、「我々が一番うまく対応できるんだ」と応じたと報じられている（17）。

安否をめぐる情報

実は、このときすでに各国のメディアではアルジェリア軍の攻撃による被害状況が大きく報道されていた。一七日午後二時（日本時間午後一〇時）頃、モーリタニアのヌアクショット通信が武装集団から得た情報として、「アルジェリア軍のヘリコプターが車両を攻撃」し、「人質三五人と武装集団メンバー一六人が死亡した」と報じていたからである。ヌアクショット通信の報道は、ロイターやＡＦＰなどの外国通信社を通じて世界中に配信された。

こうした情報を受けて、翌日の一八日付け朝刊各紙は、「軍が武装勢力攻撃」（読売新聞一面）、「強硬策 衝撃の展開」（同三面）、「軍突入、多数死亡か」（朝日新聞一面）、「発生三日目 軍強行」（同二面）、「戦闘で「人質三五人死亡」」（毎日新聞一面）、「取引拒否し強攻」（同三面）と、アルジェリア軍の「強こう」な軍事作戦が大きな衝撃を持って報じられた。

一方、人質の安否に関する情報は依然として錯綜していた。メディアでは、人質が脱出して救出されたというニュースも伝わり始めていた。

一七日正午（日本時間午後八時）頃には、アルジェリアの民間テレビ局がアルジェリア政府筋の情報としてフランス人二人を含む一五人の外国人が脱出したと報じ、午後二時（日本時間午後一〇時）頃には、アルジェリア治安当局筋の情報として、日本人二人を含む二五人の人質が救出されたというニュースが流れた。また、午後三時二〇分（日本時間午後一一時二〇分）頃には、アルジェリア国営通信が、地元筋の話として、イギリス人二人、フランス人一人、ケニア人一人が解放されたと報じ、午後四時（日本時間一八日午前〇時）頃には、アルジェリア人六〇〇人が解放されたと報じた（18）。

なお、午後四時五〇分（日本時間一八日午前〇時五〇分）頃には、現地で取材をしている独立系紙エル・ワタン紙の記者がアルジェリア軍の攻撃は終了したと伝えている。ちょうど、アルジェリア軍によって居住区の安全が確認された時間帯である。

午後七時三〇分（日本時間一八日午前三時三〇分）頃、アルジェリアのサイード情報大臣が国営テレビに出演し、アルジェリア軍による攻撃について説明を行った。

サイード大臣は、軍の作戦によって多数の武装集団メンバーを掃討し、人質を解放したとする一方、人質の一部に犠牲者や負傷者がでていることを明らかにしたが、犠牲者や負傷者の人数や国籍には言及しなかった。また、武装集団が人質を連れて逃亡を図ったため、アルジェリア軍は攻撃を行ったとし、「我々は多国籍のテロリスト集団と対峙している。こうした集団にひざまずくことはない。テロとの戦いは断固として遂行する」と述べ、アルジェリア政府の方針をあらためて強調した(19)。

この後も、現地の状況や人質の安否に関し、さまざまな情報が飛び交う(20)。

午後一〇時(日本時間一八日午前六時)過ぎには、ロイター通信がアルジェリア治安当局筋の話として、アルジェリア人八人、日本人二人、イギリス人二人、フランス人一人を含む人質三〇人が武装集団に殺害されたと伝えた。日本人死亡の報道がなされたのはこれが初めてであった。

午後一一時一五分(日本時間一八日午前七時一五分)、アルジェリア国営通信は、アルジェリア軍によって解放されたのは居住区のみで、プラント地区は軍による包囲が続いており、救出作戦は続行中であると報じた。

なお、この日の夜、ウルドカブリア内相は、アルジェリア国内紙のインタビューに答え、武装集団はリビアから侵入したと述べ、前日の情報を修正している。

一方、武装集団の側もモーリタニアのメディアを通じて情報を発信し続けていた。

一七日午後二時(日本時間午後一〇時)頃、武装集団はヌアクショット通信を通じて、アルジェリア軍の攻撃で人質三五人と武装集団メンバー一六人が死亡したと発表したことはすでに述べたが、午後三時三〇分(日本時間午後一一時三〇分)過ぎには、現在もまだベルギー人三人、アメリカ人二人、日本人一人、イギリス人一人の外国人人質七人を拘束しているとし、午後四時四〇分過ぎには、「もしアルジェリア軍がガス施設に侵入してきたら、人質全員を殺す」と宣言してアルジェリア軍の作戦を牽制した。また、午後一一時頃（日本時間一八日午前七時）頃には、今回の作戦の実行にあたっては二カ月前から準備をしていたと明かすとともに、今回の事件とは別にアルジェリア国内で次の行動を起こすと予告した。

各国の反応

アルジェリア軍による作戦が実行されたという情報は各国政府に伝わり、大きな衝撃をもって受け止められた。

一七日午後五時三〇分（日本時間一八日午前一時三〇分）頃、イギリスのキャメロン首相は、攻撃前にアルジェリア政府から協議の連絡があることが望ましかったとし、現状を「極めて懸念している」と表明した。また、午後五時五五分（日本時間一八日午前一時五五分）頃、キャメロン首相がアメリカのオバマ大統領やフランスのオランド大統領とアルジェリア軍の攻撃について討議したとイギリス首相府が伝えた。キャメロン首相は、午後七時三〇分（日本時間一八日午前三時三〇分）頃、ＢＢＣテレビのインタビューに答え、「状況はきわめて不確かであるが、われわれはさらなる悪いニュースを覚悟しなければならない」と発言している。

アメリカは、午後六時三〇分（日本時間一八日午前二時三〇分）頃、カーニー大統領報道官が、「アルジェリア軍の攻撃で人命が失われたとの情報を懸念」しており、「我々は、アルジェリア政府に説明を求めて

【時系列表】各国の動向・2日目

2013年1月17日（木）

03：30（日本時間11：30）

●第1回政府対策本部会議が開催

10：00（日本時間18：00）

●安倍首相とイギリスのキャメロン首相が電話会談

12：30（日本時間20：30）

●キャメロン首相とアルジェリアのセラル首相が電話会談

●軍事作戦実行中との報告を受ける

12：40（日本時間20：40）

●城内政務官がアルジェ入国

13：10（日本時間21：10）

●アルジェリアのイギリス大使館から日本大使館に軍事作戦実行の連絡

14：00頃（日本時間22：00頃）

●モーリタニアのメディアが，軍による攻撃作戦で人質35人死亡と報じる

14：47（日本時間22：47）

●第2回政府対策本部会議が開催

15：00（日本時間23：00）

●城内政務官がメデルチ外相と会談。攻撃の即時中止を要請

15：30（日本時間23：30）

●武装集団がプラント施設内で外国人人質7人を引き続き拘束中と表明

16：30（日本時間18日00：30）

●安倍首相がセラル首相と電話会談

19：30（日本時間18日03：30）

●アルジェリアのサイード情報相が軍の攻撃作戦について説明

●人質の一部に犠牲者がいることに言及

22：00（日本時間18日06：00）

●ロイター通信が日本人2人を含む外国人30人死亡と報道

いる」と述べた。また、クリントン国務長官も「状況は流動的であり、さまざまな対応を検討している」と述べている。

日本政府は、すでに言及したとおり、安倍・セラル会談後の午後五時五〇分（日本時間一八日午前一時五〇分）頃、菅官房長官が記者会見を行い、アルジェリア軍の攻撃を「強く懸念」しており、「厳に控えるようあらためて要請した」と発表した。また、午後六時四五分（日本時間一八日午前二時四五分）頃、岸田外相は記者会見で、日本人人質の安否に関しては確たる情報がないと述べた。なお、日本政府がアルジェリア政府に対して「攻撃の即時中止」を求めたことは、現地メディアや外国メディアでも報道されていた(21)。

一方、フランス政府は当初からやや異なった姿勢を見せていた。一七日午前、フランスのジャン＝イヴ・ル・ドリアン国防相は、アルジェリア当局の事件解決能力に対して、「完全な信頼」を置いていると発言していた。オランド大統領は、アルジェリア軍の作戦実行後の午後六時二五分（日本時間一八日午前二時二五分）頃、「事態は劇的に打開された」と発言するとともに、アルジェリア軍の攻撃については「現状を評価する要素は持っていない」として、アルジェリア政府への批判を避けた。なお、同日、オランド大統領は、財界人との会合で、「アルジェリアで起こっていることはフランスのマリ介入の決断を正当化する」という発言も行っている。マリ北部でイスラーム武装勢力鎮圧の軍事作戦を行っているフランスにとってアルジェリア政府との協力は不可欠であり、その事件対応を批判することには慎重であったと思われる。

一方、日本では、一八日午前〇時（日本時間午前八時）頃、日揮本社が日本人三人を含む四人の現地スタッフの無事を確認したと発表した。ほぼ同じ頃、菅官房長官が記者団に対し、日揮より日本人スタッフ一七人のうち、三人の無事が確認され、一四人の安否は不明との連絡があったことを明かした。

午前二時三〇分（日本時間午前一〇時三〇分）、政府は第三回対策本部会議を開く。会議終了後の午前三時一五分（日本時間午前一一時一五分）、菅官房長官は記者会見を行い、安全が確認された三人以外の日本人の安否は依然不明とし、安倍首相から、「引き続き、邦人の無事の確認及び救出に全力を挙げるよう」に指示を受けたと発表した。

また、菅官房長官は、アルジェリア軍の攻撃について、「日本政府は人命の安全確保を最優先とする方針をとってきた。この考えに基づいて、安倍首相からアルジェリアの首相に対して強い懸念を伝え、人質の生命を危険にさらす行動は厳に控えるように求めた。情報は依然錯綜しているが、犠牲者が出たという報道もある。その意味で、アルジェリア軍の行動は残念だ」と述べ、アルジェリア政府の対応に批判を投げかけた。

容認姿勢への変化

一八日午前八時（日本時間午後四時）、安倍首相は、訪問三カ国目のインドネシアのジャカルタでユドヨノ大統領との会談後に共同記者会見に臨み、アルジェリア人質事件に関して、「卑劣な行為によって多数の犠牲者が出たことは断じて許されないことであり、強く非難されるべき」であるとして武装集団による犯行を非難した。このあと、安倍首相は、予定していた演説を取りやめるなど外交日程を短縮し、日本に帰国する。

日本政府は、引き続き、アルジェリア政府に対して最新情報の提供や人命最優先の対応、緊密な協力を申し入れる。一八日午前（日本時間午後）、日本の外務省で鈴木外務副大臣がケトランジ在京アルジェリア大使に申し入れを行う。

アルジェリアでは、午前一一時（日本時間午後七時）過ぎ、城内政務官も出席して、日本、アメリカ、イギリス、カナダ、ノルウェー、オーストリア、ルーマニア、ＥＵの代表がアルジェリアのメデルチ外相と共同で会談し、人質の安否に関する早急な確認を働きかけた。メデルチ外相は、情報提供に努めると応じたという。

午後二時（日本時間午後一〇時）過ぎ、菅官房長官が記者団に対し、新たに四人の日本人の無事が確認されたとの連絡が日揮本社から外務省にあったと明かす。しかし、依然として、日本人一〇人の安否は不明なままであった。

この日、訪米した岸田外相は、クリントン国務長官と会談し、アルジェリア人質事件について情報の共有と日米間での緊密な連携を再確認した。なお、クリントン長官は、同日セラル首相と電話会談し、人質の安全に最大の注意を払うように要請したと述べたが、その一方で、「犯行グループについて、アルジェリア政府以上によく知るものはいない」と発言し、アルジェリア政府の対応に一定の理解を示した。

この日、イギリスのキャメロン首相は、アルジェリア政府から作戦の第一段階は終了したが、引き続き作戦は続行中であると連絡を受けたことを議会で明かした。また、キャメロン首相は、アルジェリア軍の軍事作戦で犠牲者が生じたことについて、「責任はテロリストにある。我々はテロとの戦いでアルジェリアに寄り添う」と述べ、アルジェリア政府への支持を表明した。

また、フランスではバルス内相が、「テロとの戦いのさなか、批判は慎むべきだ」と述べ、アルジェリア政府を擁護している。

この日、国連安全保障理事会は、アルジェリア人質事件に関し、事件を「テロ攻撃」とした上で、武装集団に対して「最も強い言葉で非難する」との報道声明を発表した。

軍事作戦の終了

一八日午後八時（日本時間一九日午前四時）、安倍首相が東南アジア訪問の日程を早め、帰国する。午後一〇時（日本時間一九日午前六時）、安倍首相も出席して政府の第四回対策本部会議が開かれる。このあと、安倍首相はイギリスのキャメロン首相やノルウェーのストルテンベルグ首相と電話会談を行っている。なお、キャメロン首相からは、イギリス政府が派遣する航空機に日本人も搭乗できるようにするとの協力の申し出があったという(22)。

この頃、アルジェリアでは、国営通信が治安当局筋の情報として、人質一二人、武装集団メンバー一八人の死亡が確認されたと報じていた。ただし、犠牲となった人質の国籍については不明のままであった。

一方、武装集団の側は、ヌアクショット通信を通じて、引き続き七人の外国人を人質として拘束しており、アルジェリア軍が攻撃すれば人質は殺害するとの声明を発表していた。拘束されている人質の国籍は、ベルギー人三名、アメリカ人二名、日本人一名、イギリス人一名と報じられた。同情報について、菅官房長官は、一八日午後一一時（日本時間一九日午前七時）に開かれた記者会見で、「政府としてそういう報道があることは承知しているが、把握できる段階に至っていない」と述べ、残る一〇名の日本人人質の安否については依然として確認中であるとした。

一九日午後二時（日本時間午後一〇時）過ぎ、アルジェリア国営通信は、アルジェリア軍が最終的な掃討作戦を行ったと報じた。同報道では、この作戦で、残っていた武装集団一一人全員を殺害したこと、日本人一人を含む外国人人質七人が武装集団に殺害されたことを伝えている。

午後四時三〇分（日本時間二〇日午前〇時三〇分）、安倍首相はセラル首相と二度目の電話会談を行い、アルジェリア軍の作戦はすべて終了し、現在、まだ見つかっていない人質を捜索中であるとの報告を受けたという。

なお、この会談の前に、外交ルートを通じて、日本人五人が死亡したという情報がアルジェリア政府からもたらされていた。安倍首相はセラル首相にこの情報の根拠を求めたが、セラル首相は、詳細は不明で

【時系列表】各国の動向・3〜4 日目

2013 年 1 月 18 日（金）

00：00（日本時間 08：00）

- 日揮本社が日本人 3 人を含む 4 人のスタッフの無事を確認と発表

02：30（日本時間 10：30）

- 第 3 回政府対策本部会議が開催

11：00（日本時間 19：00）

- アルジェリアで各国の代表がメデルチ外相と共同で会談し，人質の安否に関する情報提供を求める

14：00（日本時間 22：00）

- 菅官房長官が新たに 4 人の日本人の無事を確認と発表

20：00（日本時間 19 日 04：00）

- 安倍首相が外交日程を短縮して帰国

22：00（日本時間 19 日 06：00）

- 第 4 回政府対策本部会議が開催

2013 年 1 月 19 日（土）

14：00（日本時間 22：00）

- アルジェリア国営通信が軍の作戦について報じ，武装集団メンバー11 人と外国人人質 7 人の死亡を伝える

16：30（日本時間 20 日 00：30）

- 安倍首相がセラル首相と電話会談し，アルジェリア軍の作戦終了の報告を受ける

夜（日本時間 20 日未明）

- アルジェリア内務省が軍の作戦が終了したと発表

あると回答したという。安倍首相は、引き続き、日本人の安否情報に関する協力を要請し、セラル首相は最大限の協力をすると答えたという。

安倍・セラル会談後に記者会見をした菅官房長官は、「複数の邦人の安否に関し、厳しい情報の提供があり、現在、政府としては懸命にその事実関係を確認している」と発表した。アルジェリア政府からもたらされた日本人五人死亡との情報は未確認との判断からこの時はまだ発表されなかった。

一九日夜（日本時間二〇日未明）、アルジェリア内務省は、国営通信を通じて、軍による作戦はすべて終了したと伝えた。この作戦によって、外国人一

〇七名、アルジェリア人六八五名が解放される一方で、人質二三名が犠牲となったことがあわせて発表された。

安否確認

アルジェリア軍による作戦終了後も、人質の安否に関する情報は錯綜していた。二〇日、サイード情報大臣は、人質二三人死亡との内務省の発表に関して、「死者の数はさらに増える恐れがある」と発言していた。日本人犠牲者に関しても、イナメナスの病院で五人の日本人の遺体があるという情報や九人の日本人が殺害されたという目撃情報など、さまざまな報道がなされていた。

二〇日午後、城内政務官が、アルジェリア入りしていた日揮の川名社長とともに、アルジェリアのユースフィ・エネルギー鉱業大臣に同行して空路でイナメナスに入り、事件現場のガスプラントを視察する。

翌二一日午前（日本時間二一日夕方）、城内政務官と川名社長は、犠牲者の遺体が安置されているイナメナスの病院を訪問し、日本人の安否確認を行う。その後、日本の警察による確認も行われ、午後二時（日本時間午後一〇時）頃、城内政務官は、菅官房長官に対し、日本人七人の遺体を確認したとの報告を行う。

午後二時五〇分（日本時間午後一〇時五〇分）、政府は対策本部会議を開催し、会議終了後の午後三時三〇分、菅官房長官は記者会見を行い、日本人七人の遺体が確認されたと発表した。さらに、「日本政府として、ご家族の皆様始め、関係者の方々に、心からの哀悼の意を表明」するとともに、「いかなる理由があっても、暴力を使うことは決して許されず、日本政府としてテロ行為を断固として非難する」と発表した。菅官房長官は、引き続き、残る日本人三人の安否の確認に全力を尽くすとともに、日本人犠牲者の帰国支援のため、政府専用機をアルジェリアに派遣することを発表した。

翌二二日、鈴木外務副大臣が総理特使としてアルジェリアのセラル首相と会談するため、政府専用機でアルジェリアに向けて出発した。

二三日午前八時二〇分（日本時間午後四時二〇分）、鈴木総理特使を乗せた政府専用機がアルジェ国際空港に到着する。鈴木特使は、午前一〇時（日本時間午後六時）にメデルチ外相と、午後二時三〇分（日本時間午後一〇時三〇分）にセラル首相とそれぞれ会談を行う。鈴木特使は、セラル首相との会談で、「今回の極めて卑劣なテロ行為への断固たる非難」を表明した上で、日本人犠牲者の帰国支援と事件の全容、とくに日本人が亡くなった状況等に関する情報提供を要請した。セラル首相からは、できる限りの協力を行いたいとの回答があったという。

同日午後、菅官房長官は、現地からの情報として、新たに日本人二人の遺体が確認されたと発表する。二四日午前六時（日本時間午後二時）過ぎ、鈴木特使は、日本人九人の犠牲者とともに政府専用機でアルジェ空港を出発した。

同日午前一一時四五分（日本時間午後七時四五分）、菅官房長官は、安否が未確認であった最後の日本人の遺体が確認されたと発表した。これで日本人一七人の安否確認はすべて終了した。犠牲者は合計で一〇人であった。

日本時間の二五日午前六時五〇分、政府専用機が羽田空港に到着し、岸田外相をはじめとする政府関係者が出迎え、犠牲者に献花と黙祷を捧げられた。日本時間の同日午前一一時二〇分、菅官房長官は、日本人犠牲者一〇人の氏名を公表した。

日本時間の二六日午後一時四五分、城内政務官とともに、最後の日本人犠牲者を乗せた民間機が成田空港に到着した。最後に死亡が確認されたのは、アルジェリアのプロジェクトに深く関わってきた日揮の最高顧問の方であった。

帰国した政府専用機。犠牲者の棺に政府と日揮の関係者らが花を手向けた（1月25日　羽田空港にて　写真提供：共同通信社）

セラル首相の会見

軍事作戦の終了から二日後の二一日午後（日本時間二一日深夜）、アルジェリアのセラル首相が記者会見を行う。セラル首相は、事件の概要について、事件現場にいた二六カ国の外国人一三四人を含めて計七九〇人のうち大半は救出したが、アルジェリア人一人を含む三七人が死亡し、さらに五人の外国人の行方が不明であると発表した。なお、死亡した外国人の国籍は八カ国に及び、また、

記者会見するセラル首相（1月21日　写真提供：AFP＝時事）

七人の身元は依然として不明とされた。

一方、武装集団については、計三二人のうち、二九人を掃討、三人を逮捕したとし、武装集団メンバーの国籍については、アルジェリア人三人、チュニジア人一一人のほか、ニジェール人、マリ人、モーリタニア人、エジプト人、カナダ人であると明かした。

セラル首相は、事件発生までの状況に関し、事件の計画と準備はマリ北部に潜伏中のモフタール・ベルモフタールによって二カ月前からなされ、モハメド・ラミン・ベンシュネブが率いる実行犯グループによってアルジェリア、マリ、ニジェールの国境地帯からリビアを経由し、イナメナスに侵入したと述べた。なお、武装集団は当初、空港に向かうバスを襲撃して外国人人質を拘束し、マリ北部に連れ去ることを意図したが、憲兵隊の反撃を受けたため、ガス施設と居住区に侵入し、人質を取って立てこもったと説明した。

武装集団について、セラル首相は、重武装をし、施設の配置にも精通していたと述べるとともに、地雷の敷設や人質への爆弾の装着などによってアルジェリア軍の救出作戦は極めて困難だったと説明した。その上で、政府としては当初は交渉による解決を目指したものの、武装集団の側が強硬な姿勢を崩さなかったため、特殊部隊による作戦を実行したと述べた。

なお、居住区にいた武装集団は人質を連れてマリ北部へ逃走しようとしたが、軍の攻撃で進路が阻まれたため、プラント地区のグループに合流しようとしてその途上で車が横転したと説明した。プラント地区についていては、武装集団は施設の爆破を試みたが軍が阻止したこと、また、残念ながら人質はすでに頭部を銃撃されて死亡していたと述べた。

そして作戦の全体的な評価について、セラル首相は、「アルジェリア軍は、必要な手段と必要なやり方で行動した。アルジェリアではテロリズムは今後も決して通用しない」と宣言した。

外国政府との関係では、セラル首相は、すべての関係国に対してそれぞれの外交ルートを通して新たな進展があるごとに情報提供に努めたとしたが、軍の作戦については現場の軍指揮官からの報告に基づくため、首相である自分でさえも不可避のタイムラグがあったと説明した。セラル首相は、「我々は、(作戦を実行した)軍の特殊部隊を信頼しており、世界各国も今回の作戦が取るべき唯一の回答であったことを理解している。国家の安全が脅かされているとき、断固たる姿勢以外に取るべき選択肢はない」と述べた(23)。

セラル首相の会見は、事件の全容の説明としては不十分で、腑に落ちない点も多い。例えば、武装集団が当初はバスを襲撃する計画であったものの、憲兵隊の反撃を受けてガス施設や居住区を襲撃したという説明の根拠は何か、あるいは、武装集団が人質を連れて国外に逃亡しようとしていたために軍が攻撃したとするが、武装集団が国外に逃亡しようとしていたとする根拠は何か、また、政府と武装集団とのあいだでどのようなやりとりがなされ、攻撃に当たってはどのような判断がなされていたのかなど、不明確な点が多いといわざるを得ない。

他方で、アルジェリア政府の事件に対する方針はこの会見でも一貫していた。すなわち、事件発生当夜のウルドカブリア内相の会見でも示されたとおり、アルジェリア政府は、武装集団の要求を認めたり、譲歩したりすることなく、あくまで断固とした姿勢を貫いたのであり、そのことの正当性が再び主張されたのである。

アルジェリア政府の対応

アルジェリアでは、独立系紙の記者のなかに、政府や軍情報部と独自の情報ルートを持ち、たびたびスクープ記事を発表するジャーナリストが何人かいる。そのなかでもとくに有名なのが、エル・ワタン紙のサリマ・トレムサニ記者である。なお、この名前は仮名であり、本名は公表されていない。

一月一九日付けエル・ワタン紙には、そのトレムサニ記者が執筆した人質事件発生後のアルジェリア政府の対応についての記事が掲載されている(24)。トレムサニ記者が得た内部情報提供者からの情報によると、事態は次のように進行したという。

一六日午前五時三〇分頃、イナメナスの空港に向かうバスが重武装をした武装集団から襲撃を受けた。武装集団は外国人を連れ去ろうとしたが、バスをエスコートしていた憲兵隊の反撃を受け、その場を去った。憲兵隊は武装集団が逃亡したものと考えたが、実際にはガスプラントと居住区に侵入し、人質を取って立てこもった。連絡を受けて現場に到着した軍の部隊が施設を包囲したが、武装集団が何者で、何人で構成され、犯行の目的は何なのかは不明であった。その後、武装集団との連絡がなされたが、その要求は過度な内容であった。武装集団は外国人人質とともに国外逃亡することを認めるように要求したのである。現場の状況は非常に複雑であった。武装集団のメンバーのうち、最初に身元が判明したのは、アルジェリア国内で活動していたアルジェリア人のベンシュネブであった。そのため、当初、犯行は国内に潜伏していたグループによるもので、実行犯メンバーはすべてアルジェリア人であると考えられていた。しかし、その後、施設から脱出したアルジェリア人の証言などによって、武装集団メンバーの多くが外国人であり、リビアから侵入したことが明らかになった。一方、イギリス政府やアメリカ政府からは、アルジェリア政府に対して、アルジェリア軍による突入作戦を見合わせ、時機を待つように圧力がかけられた。ただし、アルジェリア政府は、事態が長引くと、一九九四年のアルジェ空港でのエール・フランス機ハイジャック事件や二〇〇三年のアルジェリア南部での外国人誘拐事件のように、外国政府による介入を招く恐れがあることを知っていた。そのため、アルジェリア政府は、安全保障評議会を開き、迅速に行動を取ることを決定した。外国軍とくにアメリカ軍の介入は、アルジェリア国内の反米感情を刺激し、政情不安に陥ることが明白だったからである。その後、ガスプラントでは、アルジェリア軍の特殊部隊が内部に侵入し、救出作戦を実行し始めた。しかし、プラント地区の外国人人質はすでに銃殺されていたという。武装集団は爆発物を所有しており、ガスプラントを爆破する懸念があったため、軍は全力でそれを阻止した。こうして、事件は大きな犠牲を払いながら終結した。

この記事の内容がどれだけ信ぴょう性が高いのか確かめることはできないが、少なくとも、アルジェリア政府が外国政府の介入を警戒し、そうした事態を避けようとしていたことは状況からみて確かであろう。

なお、この記事の末尾では、今回の事件は単なるテロ事件ではなく、国際政治を巻き込む地政学的な事件であり、アルジェリアにとっては国家の主権が問われていた事件であったという情報提供者のコメントが付されている。すなわち、今回の事件は、国際政治が複雑に絡み合う事件であるとともに、対応を誤れば、アルジェリア政府の存立が問われるような事件でもあったのである。

情報戦

今回の事件では、事件現場とは別に、アルジェリア政府と武装集団のあいだで情報をめぐる戦いも行われていた。それは事件発生直後から始まっている。

一六日正午ごろ、事件の発生の知らせは関係企業などからの情報を通じて、すでに関係国政府や各国メディアに伝わっていた。

同日午後、アルジェリア政府は、国営通信を通して内務省コミュニケを発表し、事件の発生を公式に認めた。ただし、その発表は、「武装集団がイナメナスのガス施設の居住区に侵入し、外国人を含む多数の人質を取った」というもので、被害状況に関しては二人死亡、六人負傷という情報以外に具体性に乏しい内容であった。

同じ頃、武装集団はモーリタニアの通信社を通して犯行声明を発表していた。そのなかでは、アメリカ人七人のほか、フランス人、イギリス人、日本人など計四一人の外国人を拘束したとし、人質の国籍や人数が挙げられていた。この情報は外国メディアを通じて広く報道される。武装集団の発信する情報がアルジェリア政府の発表する情報よりも具体性に富んでいたため、武装集団発の情報のほうが高いニュース性を持つ結果となったのである。

さらに、武装集団は、犯行の動機としてフランスのマリ軍事介入にアルジェリア政府が荷担したことを挙げ、今回の犯行はその報復と軍事介入停止を求める戦いであると宣言した。この宣言も、外国メディアを通じて各国で報道された。

武装集団側の意図は明白であろう。事件の構図を「イスラーム世界」対「西洋世界」の戦いと位置づけ、犯行を「聖戦（ジハード）」の一環として正当化し、アルジェリアを含むイスラーム世界の人々から支持を得ることがねらいであった。アルジェリア人を人質として拘束しなかったのもこの理由からであろう。

一方、アルジェリア政府は、一六日夜、ウルドカブリア内相が「テロリストの要求や交渉にはいっさい応えない」と言明しているように、事件の構図を「アルジェリア政府」対「テロリスト」の戦いと位置づけ、武装集団側の正当性を否定するとともに、テロ鎮圧のため、軍による作戦遂行の必要性を強調した。

アルジェリア政府と武装集団との情報戦は、一七日以降も続いていく。

武装集団は、当初、インターネットを通じて人質の状況を配信し、アルジェリア軍の作戦を牽制するとともに、軍事作戦を実行しないように外国政府からアルジェリア政府に圧力がかけられることを期待していたと思われる。実際には、居住区でのインターネット通信が切断されたため、電話を通じて関係企業やメディアに人質の状況や自らの要求を伝え、さらには人質を電話口に出し、アルジェリア軍にただちに攻撃を止め、包囲を解いて後退するように伝えさせた。ただし、こうした電話でのやりとりのなかでは、居住区内で外国人人質が殺害されたことなどの情報は伝わらなかった。結果的にみれば、武装集団はアルジェリア政府に交渉を求めて柔軟な姿勢を示しているのに対し、アルジェリア政府は武装集団の要求にいっさい応じず、軍は攻撃を続け、強硬な姿勢を崩さないというイメージをより強く印象づけたのではないだろうか。

さらに、一七日昼頃、武装集団が外国人人質を連れて居住区からの移動を開始し、その際にアルジェリア軍が攻撃を行ったが、この情報もまた、武装集団による声明がアルジェリア政府の公式発表に先行して伝わった。すでにみたとおり、同日午後二時頃、モーリタニアのヌアクショット通信が、武装集団から得た情報として、「アルジェリア軍のヘリコプターが車両を攻撃」し、「人質三五人と武装集団メンバー一六人が死亡した」と報じたのである。こうした情報に基づいて、日本でも、このニュースが大きな衝撃を持って報道されたことはすでに言及したとおりである。なお、フランス語の assaut という単語は、「攻撃」という意味のほかに、「突撃」という意味もある。そのためであろうか、日本では当初、アルジェリア軍による「突入作戦」が行われたという報道がなされ、あたかもアルジェリア軍が居住区に突入して武装集団を掃討したかのような印象を与える報道もみられた。もちろん、こうした報道を招いた責任の一端はアルジェリア政府にもある。アルジェリア政府が公式発表を行わず、むしろ情報を制限したため、武装集団の一方的な情報のみが伝わり、情報が偏ってしまったという側面があるからである。

ただし、武装集団による情報操作は、部分的には功を奏した面があるとしても、全体としてみれば、成功を収めたとはいえない。アルジェリア国内では、武装集団を支持する声はほとんど聞かれず、各国政府も、最終的には、アルジェリア政府の対応を「テロとの戦い」の一環として位置づけて支持したからである。結果的には、武装集団側が狙っていたように、「イスラーム世界」対「西洋世界」の戦いという構図で今回の事件が理解されることはなかったのである。

事件終結後、アルジェリアの有力独立系紙であるエル・ワタン紙は、武装集団の声明を伝えていたヌアクショット通信に対し、武装集団による情報撹乱や情報操作の片棒を担いだとして、「テロリストのプロパガンダのための特別チャンネル」と形容し、激しい非難を浴びせた(25)。

日本政府の対応

ここで、日本政府の事件への対応を振り返ってみよう。

事件発生直後の日本政府の対応は迅速であった。外務省や官邸においてただちに対策本部(室)が設置され、安倍首相が外遊中で不在ながら、菅官房長官や岸田外相を中心に対応に当たった。安倍首相も、訪問先での外交日程をこなしながら、本邦への指示や関係国首脳との電話会談を行い、帰国後には事件対応の指揮に当たっている。

また、事件発生後の早い段階で、ヨーロッパ訪問中の城内政務官がアルジェリアに派遣され、現場での対応や情報収集を行っている。城内政務官は、元外交官で外交の場に通じており、アルジェリアでも関係各国と共同でメデルチ外相と会談し、また、ユースフィ・エネルギー鉱業大臣に同行していち早く現場視察を行うなど精力的な活動を行っている。もちろん、こうしたことは、在アルジェリア日本国大使館や日揮アルジェ事務所など現地の下支えがあってこそできたことであろう。

そのほかにも、日本政府は、在アルジェリア日本国大使館への応援職員の派遣や警察・医療関係者の派遣、あるいは政府専用機の派遣を行っている。また、人質事件という案件上、情報発信には慎重さも求められたが、菅官房長官の会見は頻繁に、かつ的確に行われたように思われる。

日本政府は一月二九日、菅官房長官を委員長とする「在アルジェリア邦人に対するテロ事件の対応に関する検証委員会」を設置し、二月二八日、検証報告書を取りまとめた(26)。報告書では、事件の過程で情報収集が困難であったことや日常的な情報収集体制を強化する必要性があることなどを認めながらも、日本政府の事件対応について責任が問われるような事項は指摘されなかった。その後に設置された「在留邦人及び在外日本企業の保護の在り方等に関する有識者懇談会」でも、菅官房長官に情報判断と情報発信作業が集中しすぎたという指摘はあったが、政府の対応については、「概ね迅速かつ的確」で、「事態対処の手順や判断に大きな問題があったとはいえない」とされた(27)。

ただし、こうした事後評価はあるとしても、今回の日本政府の対応が成功であったとは言えない。結果的に今回の事件では、情報収集やアルジェリア政府への働きかけという点で大きな課題が残ったからである。

日本の課題

日常的な情報収集・分析体制に課題があることは、政府検証委員会や有識者懇談会でも認識されている。政府の検証報告書では、各国同様に日本も「情報不足に陥った」として、在外公館における外務省の地域専門家や警察出身のアタッシェ、防衛駐在官の派遣を強化・拡充すること、また本邦におけるアラビア語の公開情報の収集体制を強化することなど、日常的な情報収集の体制強化が必要であることが指摘されている。さらに、有識者懇談会では、安全情報に関して官民協力の強化が提言されている。

事件後に政府が制定を進めた国家安全保障会議(NSC)や秘密情報保護法に関して、一般にアルジェリア人質事件に関連づけて議論されることがあるが、政府検証委員会や有識者懇談会の報告書でその必要性が言及されているわけではない。また、外国情報機関との緊密な連携のためにNSCや秘密情報保護法が必要だとの主張はあるが、具体的にアルジェリア人質事件で両制度があればどのような利点があったのか、あるいは両制度がなかったためにどのような落ち度があったのか、必ずしも明らかではない。NSC

や秘密情報保護法があれば、今回の事態を免れることができたと考えるのは過度の幻想である。両制度の是非については、アルジェリア人質事件を政治的に利用することなく、切り離して冷静に議論することが大切であると考える。

さて、日常的な情報収集体制の強化はそれ自体重要なことである。ただし、政府の検証報告書で指摘されているとおり、これまでにも在アルジェリア日本国大使館は、軍情報部を含めてアルジェリアの政府・軍関係者と日常的に接触して情報収集を行っており、また、警察庁の出張者がたびたびアルジェリアを訪問し、治安当局間で協力関係も形成されていたのである(28)。

さらに、在アルジェリア日本国大使館では、独自に現地日本企業に対して安全情報の提供も行っていた。もちろん、結果からすれば、そうした事前の情報収集や関係作りが不十分であり、さらなる体制強化が求められるということなのであろうが、同時に考えるべきは、そうした日常的な情報収集体制の強化だけで良いのかという点である。

事件後には、在アルジェリア日本国大使館にも防衛駐在官が派遣されることになったが、実際にアルジェリアで高い水準の情報収集にあたるためには、アラビア語やフランス語の能力と長期的な人間関係の形成が不可欠である。しかしそれでも、アルジェリアにおける治安関係の情報収集は困難を極めることが予想される。すでに指摘したとおり、アルジェリアにおける治安情報の管理体制は厳格で、政府あるいは軍情報部のハイレベルに当たらなければ、正確で有用な情報はつかめないというアルジェリアにおける情報管理体制の問題があるからである。日本の官僚機構においては、大臣よりも事務次官、事務次官よりも局長、局長よりも課長、課長よりも担当官のほうが具体的な情報に通じていることが多いが、アルジェリアではまったく逆と考えた方が良いであろう。とくに治安関連の情報を得るには、担当官レベルではなく、ハイレベルでのコンタクトが不可欠である。その意味で、日常的な情報収集体制の強化も重要ではあるが、同時に、ハイレベル、とくに首脳レベル・大臣レベルでの外交的なパイプ作りを強化しておく必要がある。

この点について、日本政府の従前の取り組みは十分であったとは言えない。あとでみるとおり、アルジェリアは、資源大国であると同時に、政治的にも、開発途上国の中でのリーダー国として外交上非常に重要な国である。地理的に近いということもあり、ヨーロッパ諸国からは首脳や外相がしばしば往来している。今回の事件後の二〇一三年内だけでも、イギリスのキャメロン首相やドイツのヴェスターヴェレ外相、欧州委員会のバローゾ委員長、カナダのベアード外相などがアルジェリアを訪問している。二〇一四年四月には、アメリカのケリー国務長官も同国を訪れ、ブーテフリカ大統領らと会談している。

しかし、日本との関係では、アルジェリアから大統領を含めて要人の来訪は数あるものの、日本からはいまだに首相の訪問はなく、二〇一〇年一二月、当時の前原外相が同国を往訪しただけである。実質数時間という短い滞在であったにもかかわらず、前原外相はブーテフリカ大統領と会談するなど熱烈な歓迎を受けた。アルジェリアは自尊心が強く、メンツを大事にする国である。前原外相のアルジェリア訪問は、日本とアルジェリアの外交関係の新時代さえ予感させた。大使館を中心とした日常的な情報収集体制の強化は大切ではあるが、同時にハイレベルでの交流活性化と信頼関係の構築が求められる。

信頼の構築に向けて

今回の事件の対応にあたって、日本政府は人質の人命を最優先とする方針をとった。この点について、筆者はまったく異論はない。ただし、問題があるとすれば、アルジェリア政府とのあいだで信頼関係が形成されていなかったという点にあるように思う。

例えば、アルジェリア政府から説明を受ける前に、いち早く軍事作戦の中止を申し入れたことは、アルジェリア政府に対する信頼感の欠如を示す証拠であろう。こうした状況が生じた大きな要因は、すでに指摘したとおり、首脳や外相などハイレベルでの交流を欠き、両政府間での信頼関係が形成されていなかったためである。

さらに、もうひとつの大きな要因は、アルジェリア政府の一貫した非妥協的姿勢を日本政府が理解できなかったことにあるのではないだろうか。なぜ、アルジェリア政府が武装集団に対してあれほどまでに強硬な姿勢を貫いたのかという点である。そしてそれは、アルジェリアがこれまでに歩んできた複雑な歴史を知らなければ決して理解することはできないと筆者は考える。

第二部では、人質事件に至るアルジェリア近現代史の歩みをたどりながら、事件の深層に潜む対立の構図を探っていこう。

【注】

（1）本章で参照した報道メディアは第一章の注3のとおり。なお、第一章と同じく、以下では独自の情報である場合のみ出典を示す。

（2）スタットオイル社の調査報告書：Statoil [2013] *The In Amenas Attack:Report of the investigation into the terrorist attack on In Amenas.* (http://www.statoil.com/en/NewsAndMedia/News/2013/Downloads/In%20Amenas%20report.pdf)

（3）在アルジェリア邦人に対するテロ事件の対応に関する検証委員会（首相官邸）［二〇一三］『在アルジェリア邦人に対するテロ事件の対応に関する検証委員会検証報告書』(http://www.kantei.go.jp/jp/singi/alg_terotaiou/kensahoukokusho20130228.pdf)。

（4）安倍首相および菅官房長官の記者会見については、首相官邸ＨＰ(http://www.kantei.go.jp/jp/pressconference/index.html)を参照。

（5）ＤＲＳおよびモハメド・メディエンヌ将軍については、フランスのル・ポワン誌の次の記事がある。"Mohamed Mediène, l'homme le plus mystérieux d'Algérie", *Le Point*, 16/04/2014.

（6）国境なき記者団の「世界報道自由度ランキング」（二〇一四年）によると、アルジェリアは一八〇カ国中一二一位で低水準にはあるが、周辺国のチュニジア（一三三位）、モロッコ（一三六位）、リビア（一三七位）、エジプト（一五九位）よりは若干自由度は上回っていると評価されている。Reporters sans frontières [2014] *World Press Freedom Index 2014*. (http://rsf.org/index2014/data/index2014_en.pdf).

（7）ヌアクショット通信（ANI: Agence Nouakchott d'Information）のＨＰは次のとおり。http://ani.mr/fr

（8）岸田外務大臣の記者会見については、外務省ＨＰ（http://www.mofa.go.jp/mofaj/press/kaiken/gaisho/）を参照。

（9）エル・ムジャヒド紙記事："Deux morts et sis blessés", *El Moudjahid*, 17/01/2013.

（10）同記事。

（11）毎日新聞記事（二〇一三年一月一七日付け朝刊一面）。

（１２）このあと、四人の安全が完全に確保され、最終的に安全が確認されたのは、一八日午後であったとみられる。
（１３）読売新聞記事（二〇一三年一月二三日付け朝刊一～二面）。
（１４）朝日新聞記事（二〇一三年一月一八日付け夕刊二面）。
（１５）朝日新聞記事（二〇一三年一月一八日付け朝刊一面）。
（１６）安倍首相による即時攻撃中止の要請は、アルジェリア現地でも報じられた。オラン紙記事：“L'onde de choc: Prise d'otages à In Amenas”, *Le Quotidien d'Oran*, 19/01/2013.
（１７）読売新聞前掲記事。
（１８）エル・ワタン紙記事：“InAmenas 40 heures d'angoisse”, *El Watan*, 18/01/2013 およびル・モンド紙記事：“Prise d'otages: la journée de jeudi heure par heure”, *Le Monde*, 18/01/2013.（http://www.lemonde.fr/afrique/article/2013/01/17/prise-d-otages-en-algerie-les-ravisseurs-veulent-le-retrait-des-militaires-algeriens-du-site_1818167_3212.html）
（１９）毎日新聞記事（二〇一三年一月一八日付け夕刊一面）。
（２０）以下の時系列については、次のまとめを参照。エル・ワタン紙前掲記事、および、ル・モンド紙前掲記事。
（２１）エル・ワタン紙前掲記事、エル・ワタン紙：“Ce qui à poussé l'armée à ordonner l'assaut”, *El Watan*, 19/01/2013、アルジャジーラＨＰ記事：“Dozens of hostages 'killed' in Algeria”, Al Jazeera, 17/01/2013（http://www.aljazeera.com/news/africa/2013/01/201311713160194432.html）など。
（２２）読売新聞記事（二〇一三年一月二〇日付け朝刊二面）。
（２３）エル・ワタン紙記事：“Les révélations de Sellal”, *El Watan*, 22/01/2013.
（２４）エル・ワタン紙記事：“La décision prise dès mercredi par le conseil national de sécurité”, *El Watan* (Tremçani, Salima), 19/01/2013.
（２５）エル・ワタン紙記事：“Le canal privilégié de la propagande terroriste”, *El Watan*, 20/01/2013.
（２６）在アルジェリア邦人に対するテロ事件の対応に関する検証委員会前掲報告書。
（２７）在留邦人及び在外日本企業の保護の在り方等に関する有識者懇談会（首相官邸）［二〇一三］『在留邦人及び在外日本企

業の保護に在り方等に関する有識者懇談会報告書』（http://www.kantei.go.jp/jp/singi/hogo/pdf/houkoku130426.pdf）。

（２８）在アルジェリア邦人に対するテロ事件の対応に関する検証委員会前掲報告書。

II

アルジェリアの歩み

第三章――暴力の連鎖

「バルバリア海賊」問題

アルジェリアの歴史をさかのぼれば、先史時代には遊牧系民族が、古代にはカルタゴ王国やヌミディア王国、ローマ帝国、ヴァンダル王国などさまざまな民族・文化が移り変わってきた。七世紀以降はアラブ人が流入してイスラーム化が進み、一六世紀にはオスマン帝国に編入されてオスマン帝国アルジェ領となる。ただし、この地域はオスマン帝国の本国から離れていたこともあり、オスマン帝国のスルタンによる直接統治ではなく、デイと呼ばれる地方長官がアルジェ領の実質的な統治を担っていた。

この地域に大きな変化が訪れるのは、一八世紀末から一九世紀初頭にかけてである。地中海対岸のヨーロッパでは、一八世紀末にフランス革命が起こり、ヨーロッパ全体を巻き込むナポレオン戦争が始まっていた。

一八一四年、フランスの敗北によって終結したナポレオン戦争の講和会議として、ヨーロッパ諸国はウィーン会議を開催する。これ以後、ヨーロッパでは、ウィーン体制と呼ばれる「ヨーロッパ協調」の時代が訪れる。ヨーロッパ列強による協調体制のもと、「国際社会」の原型が形成され、発展していくのがこの時代である。ヨーロッパ列強がさまざまな「国際ルール」を定め、主導的に国際秩序を構築していくのである。そして、この時代にヨーロッパ列強が合意した取り決めのひとつが「バルバリア海賊」の廃絶であった(1)。

「バルバリア海賊」というのは、オスマン帝国北アフリカ諸領による「海賊」行為を指す。アルジェ領などの北アフリカ諸領は、中世以来のキリスト教国との戦いの一環として、ガレー船団を保持してキリスト教国の船舶や領土を襲っていた。しかし、北アフリカ諸領の側もやみくもに掠奪行為を行っていたわけではない。和平条約を締結したキリスト教国の船舶や領土に対しては掠奪行為を行っていなかったのである。ただし、問題は、和平条約の締結にあたって北アフリカ諸領の側が欧米諸国に貢納や通行料を要求していたことである。

北アフリカ諸領との関係をいち早く拒絶したのは、建国したばかりのアメリカ合衆国であった。一九世紀初頭、アメリカはアルジェ領などの北アフリカ諸領に艦隊を派遣し、軍事的な圧力の下で、貢納の条件を設けずに和平条約を締結する。

こうしたアメリカの動きに影響を受けて、ヨーロッパ諸国も北アフリカ諸領との外交関係を転換していく。一八一八年、ウィーン会議ののちに開かれたエクス・ラ・シャペル会議において、ヨーロッパ諸国は協調して、北アフリカ諸領への貢納を拒否するとともに、「バルバリア海賊」の廃絶を求めることを決議する。

これを受けて、一八一九年、イギリス・フランス連合艦隊がアルジェ領を含めた北アフリカ諸領に遠征し、「バルバリア海賊」の廃絶を要求するのである。

この要求に強く反発したのが、アルジェ領のフセイン・デイであった。デイは、一方的に戦力の放棄を迫るヨーロッパの要求に納得せず、両者のあいだでいさかいが続いていく。そして、この対立の構図が一八三〇年のフランス軍によるアルジェ侵攻の素地となっていくのである。

フランス軍による征服 (2)

一八三〇年六月、フランス軍はアルジェ近郊の海岸に上陸し、アルジェ中心部に向けて進軍する。圧倒的なフランス軍の侵攻を受けて、翌七月、アルジェ領のフセイン・デイは降伏した。

フランスのアルジェ侵攻の直接的なきっかけは、「扇の一打」事件であったと言われる。フランス革命時にフランスに輸出された小麦代金の支払いをめぐるトラブルから、会談中にアルジェのフセイン・デイがフランス領事のほおを扇で打ったとする事件である。フランスはこれを国家的な侮辱と受け取り、大きな外交問題に発展した。さらに、フランスのアルジェ侵攻の動機として、アルジェ領の「バルバリア海賊」を鎮圧し、「海洋の自由」を取り戻すという理由も掲げられた。しかし実際には「扇の一打」事件や「バルバリア海賊」問題は口実に過ぎず、真の目的は内政上の危機を抱えていたフランス王党派政府が国威発揚とフランス商人の利益追求のためにアルジェ侵攻を実行したとする説が有力である (3)。

いずれにせよ、フランス軍の侵攻を受けてアルジェリアの各地ではフランス軍に対する戦いが始まった。アルジェリア東部の主要都市コンスタンティーヌではアフマド・ベイがアルジェのデイの後継者を自任して挙兵し、アルジェリア西部ではアラブ系の有力な家系に属し、イスラーム教団の指導者を務めるアブデルカーデルが「聖戦」を宣言して各地の反抗勢力をまとめながら支配地を広げていた。

一八三六年、フランス軍はコンスタンティーヌ遠征を強行するが、アフマド・ベイの抵抗の前に大敗を喫する。翌年、東西両面作戦にてこずっていたフランスは、アブデルカーデルと和平条約を締結する。条約は、アブデルカーデルに対して勢力下の土地の主権を認めるなどフランス側が大きく譲歩する内容であった。その一方で、フランス軍は東部地域の制圧に力を注ぎ、同年、フランス軍の侵攻によってコンスタンティーヌが陥落した。そして再びアブデルカーデルとの戦いに挑んでいく。

「扇の一打」事件を描いた絵画（作者不詳）

一八四一年、アルジェリア総督として任命されたフランスのビュジョー将軍は、一八四七年までの七年間、アブデルカーデルとの戦いを指揮した。アブデルカーデルはフランス軍の攻勢によって徐々に支配地を奪われ、一八四七年、ついに降伏する。ここにフランス軍によるアルジェリア征服は完了し、一八四八年の憲法でアルジェリアはフランスの領土であると規定された。

植民地期

フランスはアルジェリアにおいて入植政策と同化政策を進めていく。コロンと呼ばれる入植者たちは、アルジェリアで土地を与えられ、ブドウや小麦の栽培あるいは商工業などに従事した。なお、入植者はフランス人移民だけでは充分でなかったため、イタリアやスペイン、マルタなど地中海沿岸のヨーロッパ諸国からの移民も認められた。

政治的には、アルジェリアは三つの海外県としてフランス本国と同様に国会に議員を送るなど、地方自治を確立した。ただし、こうした政治的権利が与えられたのはヨーロッパからの移民のみで、圧倒的多数を占めるムスリム系住民にはフランスの市民権は与えられず、「原住民」という名の差別的身分に置かれた。経済的にも、「原住民」のほとんどは土地を持たない農民あるいは都市労働者として貧しい生活を余儀なくされた。

アルジェリアのムスリム系住民によるナショナリズム運動が具体的な形となって現われるのは、二〇世紀に入ってからである。一九二六年、フランス在住の北アフリカ系移民による政治団体「北アフリカの星」がパリで設立され、アルジェリア・チュニジア・モロッコのフランスからの独立が掲げられた。

フランスは、第一次世界大戦時にアルジェリアなど北アフリカの植民地から兵役の募集を行い、また、国内での工業発展に伴う労働力不足から北アフリカからの移民を動員していた。こうしてフランス本国に在住することになった北アフリカ系移民がナショナリズム運動の担い手となったのである。「北アフリカの星」の指導者メサーリ・ハジはその典型で、アルジェリア西部のトレムセンで生まれ、その後、フランス軍の兵役を勤め、復員後、パリに移民した人物である。

北アフリカ独立を掲げる「北アフリカの星」に対し、フランス政府は団体の解散を命じる。しかし、「北アフリカの星」の解散後もメサーリ・ハジらの運動は続いていく。一九三七年には、「北アフリカの星」を引き継いで「アルジェリア人民党」が設立された。フランス政府は再びこれを非合法化し、指導者を逮捕して弾圧した。

第二次世界大戦が勃発し、フランスがドイツに降伏すると、アルジェリアは本国と同様に親ドイツ政府の支配下に入る。しかし、一九四二年、対ドイツ戦争に参戦したアメリカ・イギリス連合軍がアルジェ上陸作戦に成功すると、今度はドゴールの自由フランス政府の勢力下に入り、アルジェはフランス本土や北アフリカでの対ドイツ戦争の拠点となる。このとき、連合軍は戦争遂行のためにアルジェリアのムスリム系住民の動員を行っている。アルジェリアのムスリム系住民の約二・五%に当たる約一五万人が戦争に動員されたという指摘もある(4)。

第二次世界大戦が終結に近づくと、アルジェリアの独立運動は再び活性化する。一九四四年、メサーリ・ハジらは「宣言と自由の友の会」を設立し、フランスからの独立とアルジェリア共和国の創設を訴えた。ドイツが降伏した一九四五年五月八日、アルジェリア各地では「宣言と自由の友の会」によるデモが行われた。しかし、この日のデモは大きな悲劇を呼ぶことになる。警察や入植者が組織する「自警団」とデモ参加者とのあいだで衝突が起こり、治安部隊がデモ隊に発砲するなど虐殺事件が発生するのである。犠牲者数はフランス人の側が一〇二人、ムスリム系住民の側が公式発表で一一六五人、非公式情報では五〇〇〇人から一万人以上とされる。ただし、事件後の対応は一方的なもので、治安部隊側の責任が問われることはなく、暴動を起こしたムスリム系住民の指導者が逮捕・処刑され、徹底的な弾圧が加えられた。

この日の衝突は、フランス側とムスリム系住民側の双方に反発と憎悪の感情を生みだし、その後の融和の可能性を狭めるとともに、次の時代にさらなる悲劇を招く結果となった。

独立戦争（5）

一九五四年一一月一日未明、アルジェリア全土の計三〇カ所で、軍隊や警察を標的とする襲撃事件が同時に発生する。武装蜂起を行ったのは、「民族解放戦線（ＦＬＮ）」を名乗る組織であり、その担い手はアルジェリア独立運動のなかで従来の政治路線に飽きたらない青年層を中心とするグループであった。

ＦＬＮ内には九人の指導者による合同司令部が作られ、軍事部門として「民族解放軍（ＡＬＮ）」が設立された。ＦＬＮはビラを作成してアルジェリア住民にＡＬＮへの参加を呼びかけ、国際社会に対しては独立闘争への支援を訴えた。ただし、武装蜂起当初のＡＬＮの兵力は数百人から多くとも三〇〇〇人程度であり、装備も貧弱で、ひとつひとつの事件をみれば小規模な襲撃に過ぎなかった。しかし、この日に始まった武装闘争の火は消えることなく七年以上にわたって燃え続け、アルジェリアはついに独立を勝ち取ることになる。

一一月一日の武装蜂起を受けて、フランスは約五万人の保安機動隊を約八万人に増強し、FLNに対して徹底的な弾圧に行う。アルジェリア各地においてFLN指導者の逮捕や組織の解体が進められ、FLNのメンバーは山岳地域などに追いやられた。その一方で、フランスはムスリム系住民の地位向上の改革政策を発表し、その不満を和らげようとしたが、FLNなど独立派との交渉は断固として拒絶した。

一九五五年八月二〇日、アルジェリア東部のコンスタンティーヌ県で、FLNに指揮されたアルジェリア農民数千人が蜂起し、警察や憲兵隊兵舎など公共施設を襲撃する事件が発生する。そして、この蜂起は一九四五年五月八日の虐殺事件と同じ結果を招く。治安部隊や「自警団」による鎮圧作戦が実行され、公式発表で一二七三人、FLNの発表では一万二〇〇〇人が犠牲となった(6)。

一九五六年三月、フランスの国民議会は、アルジェリアにおける軍事行動の強化および個人の自由の保障を停止できる特別権限を含む法案を圧倒的多数で可決した。事実上の戦争状態への移行である。アルジェリアでは、フランス軍の弾圧に反発して住民によるデモやストライキが頻発した。ALNの兵士は数万人に増加し、各地で武装蜂起が繰り返された。

一方、フランス側も治安回復のために兵力を増員する。外国人部隊や空挺部隊が導入され、兵員数は約三五万人に達した。フランスは徹底的な鎮圧作戦を実行し、FLNの指導者など数千人を逮捕して拷問し

反仏分子容疑者としてフランス軍に連行されるアラブ人たち（1954 年 11 月 03 日　写真提供：AFP＝時事）

た。対するＦＬＮ側も、町中で爆弾事件を起こすなど行動をエスカレートさせていく。こうして、フランス軍による徹底的な弾圧とＦＬＮによる過激な武装闘争という暴力の連鎖は深刻化していく。

国際的にも「アルジェリア問題」は大きな関心を集め、国連総会ではアルジェリアの独立を求める決議が採択される可能性が高まっていた。国際社会からの圧力もあり、一九五九年九月、フランスのドゴール大統領はアルジェリアにおける民族自決の原則に言及し、独立容認の可能性を示唆した。紆余曲折を経ながらも、このあとフランス政府とアルジェリア共和国臨時政府とのあいだで独立に向けた交渉が行われていく。

アルジェリア独立への動きに反発したのが、アルジェリアに駐留するフランス軍や入植者たちである。入植者の一部は過激グループを組織して武装闘争に転じ、また、軍の一部による反乱も発生した。ただし、こうした動きはあったものの、アルジェリア独立への方向性は揺るがなかった。

一九六一年五月、フランスのエヴィアンで、フランス政府とアルジェリア共和国臨時政府との交渉が始まった。入植者の地位や一九五〇年代に石油資源が発見されたサハラ地域の帰属問題などをめぐって交渉は難航したが、一九六二年三月一八日、アルジェリアの民族自決を認める協定が調印された。

同協定に基づき、一九六二年七月一日、アルジェリアで独立の是非を問う住民投票が行われ、投票総数の九七％以上の圧倒的多数をもって独立が支持された。七月三日、アルジェリアは独立を宣言した。

ＦＬＮの戦略変化

独立後のアルジェリアの歩みに移る前に、暴力の連鎖が深刻化していく構図についてもう一度確認しておこう。

一九五四年一一月に武装蜂起したＦＬＮであるが、当初はフランス支配の象徴である政府ビルや軍の営舎、警察署などを標的とし、民間人は傷つけなかったという(7)。

しかし、ＦＬＮの戦略は、一九五六年三月にフランス国民議会が個人の自由を制限する特別権限に関する法案を可決したあと変化していく。すなわち、この法案の可決が「フランスが全面的参入を決定した戦争の転回点」(8)となり、フランス治安部隊とＦＬＮとの全面戦争が始まるのである。

さらに、一九五六年六月、有罪宣告された二人のＦＬＮ活動家が断頭台で処刑されるというショッキングな事件が起きる。フランス当局にとっては見せしめの処刑でＦＬＮの闘争を押さえ込もうとしたのであろうが、結果はまったく裏目に働くことになった。

二カ月後の同年八月、ＦＬＮ指導者のラムダン・アバンは、新戦略として都市部における無差別武装闘争路線を打ち出す。アルジェリアでＦＬＮの戦士ひとりが処刑されるたびに一〇〇人のフランス人に同じ運命をたどらせると宣言し、ＦＬＮはフランス民間人を標的とした攻撃を開始するのである。ホフマンは次のように書いている。

アバンから都市テロ活動幹部への指示がくだされて、前例のない爆破テロと恐怖の時代へと突入した。命令が出て七十二時間とたたないうちに、四十二人の民間のフランス人が射殺された。

〔…〕彼らの攻撃目標は、軍部でも政府関係でもなかった。夕暮れの浜辺でのんびり過ごすピエ・ノワール（フランスからの移民）の家族でこみあう海辺のミルク・バーや、ヨーロッパ人の大学生行きつけのカフェテリアや、市の中心にあるエール・フランスの旅客ターミナルだった(9)。

これに対し、フランス当局は、翌年一月、第十空挺師団長のジャック・マッス将軍に治安維持の任務を委ね、マッス将軍はFLNの都市組織の壊滅をめざして徹底的な作戦を行っていく。FLN関係者とみなされた人物は逮捕され、組織についての情報を得るために残虐な拷問にかけられ、時に裁判なしで処刑が行われた。無差別武装闘争を続けるFLNの活動を鎮圧するために手段は問わなかったのである。

フランス治安部隊による冷酷な作戦によってアルジェ市内からFLNを掃討するという成果は得たものの、アルジェリア住民からの大きな反発を招き、結果としてFLNへの支持者を増やすことになった。さらには、フランス国内や国際世論におけるフランスへの批判を呼び起こし、先にみたとおり、最終的にフランスはアルジェリアの独立を認めるのである。

独立後の政治体制（10）

一九六二年九月二〇日、アルジェリアで憲法制定のための国民議会選挙が実施され、同二五日、議会は「アルジェリア民主人民共和国」の設立を宣言した。

ただし、アルジェリア国内では、独立前から激しい権力闘争が始まっていた。とくに、FLN創設者の一人で、一九五六年一〇月から一九六二年三月までフランス国内で投獄されていた政治指導者ベンベラと、一九五八年に設立されたアルジェリア共和国臨時政府議長ベンヘッダの対立はついに武力衝突に至り、ALN参謀長であったブーメディエンの支持を得たベンベラが、ベンヘッダを中心とする臨時政府派を排除していく。

新憲法制定の国民投票で自らも一票を投じるベンベラ首相（写真提供：AFP＝時事）

権力闘争に勝ち残ったベンベラは、アルジェリア民主人民共和国の首相に就任する。さらに、一九六三年九月九日、国民投票によって新憲法が承認され、ベンベラが初代大統領に選出された。同憲法は大統領への権力の集中とFLN一党制に特徴がある。そしてこのあと、ベンベラは政敵を失脚させるなど自らへの権力集中をさらに進めていく。一九六四年四月には、FLNの全国大会が開かれ、ベンベラが党書記長を兼ねるとともに、社会主義国家の建設を掲げる綱領が採択された。

ベンベラへの権力集中を危惧した軍部は、一九六五年六月、軍事クーデターを起こし、ベンベラを逮捕する。クーデターを指揮したのは、ＡＬＮ元参謀長で、ベンベラ政権のもとで副首相兼国防大臣であったブーメディエンである。ブーメディエンは、憲法を停止し、国の最高機関として新たに革命評議会を創設し、自ら革命評議会の議長に就いた。このあと、ブーメディエンは、一九七八年に死去するまでアルジェリアの国家元首の地位にとどまる。

こうして、独立後のアルジェリアは、ＦＬＮ一党制、社会主義路線、軍部主導という権威主義的な政治体制が形成されていくことになった。言い換えれば、アルジェリアでは、民主主義的な政治体制が未成熟なまま国家建設が進んでいくのである。それは、激しい独立戦争の末に生まれたアルジェリアという国家がもつ負の側面であったようにも思える。

一九七五年、国民憲章の採択とブーメディエンの大統領就任に関する国民投票が実施された。しかし、大統領への権力の集中やＦＬＮ一党制、社会主義路線などの基本的な政治体制に変更はなかった。

一方、国際的には、激しい独立戦争を勝ち抜いたアルジェリアは第三世界のリーダー国としての地位を確立していく。初代大統領のベンベラは、中国の周恩来やインドのネルー、エジプトのナセルらとともに、反帝国主義、反植民地主義、非同盟中立路線を掲げ、アジア・アフリカ諸国の地位の向上に貢献した。

一九六五年にアルジェで開催予定であった第二回アジア・アフリカ会議はベンベラの失脚により中止さ

れるが、ブーメディエン政権も同路線を引き継ぎ、国際的なリーダーシップを発揮する。一九六七年には、発展途上国七七カ国グループ閣僚会議をアルジェで開催し、途上国への特恵関税や一次産品の関税撤廃、先進国にGNP一%の途上国援助を要求する「アルジェ憲章」を採択する。また、一九七四年の第六回国連資源特別総会では、ブーメディエンが基調演説を行い、ブーテフリカ外相が総会議長となって、「新国際経済秩序樹立に関する宣言」を取りまとめている。なお、アルジェリアは現在もG8のアフリカ開発に関するアウトリーチ会合に出席するなど、アジア・アフリカ諸国の中でリーダー国といえる存在である。

一九八八年の暴動

一九八八年一〇月四日、首都アルジェで若者を中心とするデモが起きる。日用品や食料の価格高騰など生活環境の悪化に抗議するものであった。この背景にはアルジェリアにおける経済政策の失敗があるが、その詳細については次章で確認しよう。なお、社会主義国における経済政策の行き詰まりはアルジェリアだけではなかった。東欧諸国が崩壊に向かう「ベルリンの壁」崩壊は、この約一年後の一九八九年一一月である。

アルジェでのデモは、翌五日には暴動に発展し、公共施設や商業施設などが襲われた。政府は市内に軍を配置し、六日には緊急事態令を布告した。しかし、政治腐敗や経済政策の失敗など長年にわたって蓄積した市民の不満は収まらず、暴動は沈静化するどころか、国内各地に広がった。

アルジェ市内の通りで礼拝するイスラーム主義者たち（1988年10月10日 写真提供：AFP＝時事）

暴動の中心は、職を得られず、将来に希望を見いだせないでいる若者たちであった。さらに、こうした動きに国内のイスラーム主義者が同調する。このあとみていくとおり、イスラーム主義が社会的に大きな広がりを持つのがこの時期であった。

国内各地ではデモや暴動が頻発し、これを弾圧する治安部隊と衝突した。暴動の発生から一週間で、犠牲者数は約五〇〇人、逮捕者は数千人にのぼったという（11）。

当時、政権を担っていたのは、一九七八年のブーメディエン大統領の死後、後継者となっていた軍出身のシャドリ・ベンジェディードである。シャドリ大統領（12）は、デモや暴動を弾圧する一方で、政府に対する国民の不満を和らげるために民主化に向けた政治改革を進める。

一九八九年二月五日、シャドリ大統領は、社会主義やFLN一党制について言及のない新憲法草案を発表する。事実上の複数政党制への移行であった。新憲法は二月二三日の国民投票で承認された。

FISの台頭（13）

複数政党制を認める新憲法が施行され、アルジェリアではさまざまな政党が誕生する。FLNと対立してそれまで国外で活動を行っていた政治活動家たちは帰国し、政党を結成した。この結果、一九九〇年までに四〇以上の政党が生まれている。そして、そのなかでもっとも有力な政党が、イスラーム主義を標榜するイスラーム救世戦線（FIS）であった。

FISは、イスラーム法に基づくイスラーム共和国の設立を政治目標に掲げ、従来の政治体制に不満を抱くアルジェリア市民にイスラーム的価値や道徳への回帰を訴えて支持を広げていった。中心的な指導者は、一九五四年のFLN武装蜂起にも参加し、独立後は大学教員となった一九三一年生まれのアッバーシ・マダニと、モスクの宣教師として青年層の支持を集めていた一九五六年生まれのアリー・ベンハジの二人である。

FISの指導者ベンハジ（左）とマダニ（1991年5月1日　写真提供：AFP＝時事）

一九九〇年六月一二日、複数政党制への移行後初めての選挙として、地方議会選挙が実施された。そしてこの選挙で、独立以来権力を独占してきたFLNは歴史的敗北を喫するのである。FLNに代わって勝利を収めたのはFISであった。FISは一五三九の市町村のうち八五三の市町村で多数派を占め、また、総投票数約八三七万票のうち、FLNが獲得したのは約二二五万票であったのに対し、FISは四三三万票を獲得した(14)。

一九九一年六月には国民議会選挙が予定されていた。しかし、投票方法や選挙区分などを規定する選挙法をめぐって政府とFISは対立し、FI

Sが無期限のゼネストを呼びかけたのをきっかけに、政府は緊急事態令を布告してマダニやベンハジなどFISの指導者を逮捕し、選挙の実施を半年後に延期した。

国民議会選挙の第一回投票は、一九九一年一二月二六日に実施された。ここでもFISは大躍進を果すことになる。FISは前回の地方議会選挙と比べて一〇〇万票以上の票を失ったものの、一八八議席と圧倒的な議席を獲得したのである。対するFLNは獲得議席わずか一五議席と惨敗し、第三党に転落した。第二回投票を待たずにFISの勝利が確定した(15)。

なお、このときの第一回投票の投票率は五九%であり、有権者の四〇%以上が棄権している。FLN一党体制に対する批判が、FISへの投票と棄権票に分散し、結果としてFISが地滑り的な勝利を収める形となったのである。

この結果を受け、権力の喪失とイスラーム共和国の誕生に危機感を強くした軍部は、一九九二年一月一一日、FISに対して妥協的なシャドリ大統領を解任する。さらに、憲法を停止し、暫定的な最高機関として国家最高委員会を設立した。軍によるクーデターが実行されたのである。

軍のクーデターによって設立された国家最高委員会は、緊急事態令を布告して選挙プロセスを中止するとともに、FISを非合法化して指導者を逮捕するなどFISの徹底的な弾圧に着手する。

国家最高委員会の議長には、一九五四年のFLN武装蜂起の指導者で、「九人の歴史的英雄」のひとりであるモハメド・ブーディヤフが就いた。ブーディヤフは独立後にFLN主流派と対立し、モロッコで亡命生活を送っていたが、この危機を収拾できる人物として呼び戻されたのである。ブーディヤフはFISの弾圧を進める一方で、FLN内部の腐敗浄化や政治改革を目指したが、一九九二年六月二九日、演説中に暗殺された。ブーディヤフの後継には、同じく独立戦争の闘士であるアリ・カフィが就いた。清廉な人物で国民の期待を集めていたブーディヤフの暗殺は、このあとに続くアルジェリアの暗い未来を予示した。

イスラーム主義運動

アルジェリアにおけるイスラーム主義運動については、上智大学・私市正年教授の『北アフリカ・イスラーム主義運動の歴史』(16)に詳しい。同書によると、独立後のアルジェリア政府は、文化・教育面での脱植民地化および国民統合を推進するため、アラブ化・イスラーム化政策に積極的に取り組んだという。とくに、学校教育における従来のフランス語教育を改めてアラビア語教育を導入し、エジプトから多数の教師を招聘するなどアラブ化を進めていく。

ただし、エジプトからの教師のなかには、当時のエジプトのナセル体制からの弾圧を逃れたムスリム同胞団員が含まれており、彼らがアルジェリアにおけるアラブ化・イスラーム化の「第一世代の教師」となってアルジェリアにおけるイスラーム主義者を育てていったという。FIS指導者のベンハジも、そうした教育を受けた一人であった。

さらに、一九八〇年代初頭には、政府によるアラブ化・イスラーム化政策に飽き足りない人々が現われ、反政府イスラーム主義勢力を形成していく。それは大きくいって二つの潮流に分けられる。

ひとつが武装闘争によって国家転覆を目指す急進主義路線である。一九八三年には、イスラーム法の適用とジハードによるイスラーム国家の樹立を目指し、「アルジェリア武装イスラーム主義運動（ＭＩＡ）」が設立されている。ＭＩＡは、指導者のブー・ヤアリが一九八七年に治安部隊に殺害されて衰退するが、その後アフガニスタン義勇兵のムジャヒディンが帰国して国内での活動を始め、急進主義路線は引き継がれた。彼らの多くは、「サラフィスト・ジハーディスト」を名乗り、コーランの字義的な適用と過激なジハード主義を唱えた。

もうひとつの潮流は政治参加に基づく改革主義路線である。後のＦＩＳ指導者であるマダニら大学教員や説教師などがその中心であった。とくに、独立後のアラブ化政策でアラビア語教育を受けた大衆層の若者たちは、外国留学などでフランス語教育を受けたエリート層の若者に比べ、より深刻な就職難や貧困に直面しており、そうした社会的矛盾への不満が蓄積していた。独立以後、若年層人口の増大や都市化が進んだこともあり、都市部では、仕事に就けず、政府や社会に対して不満を募らせる若者たちであふれていたのである。そして、一九八〇年代後半以降、こうした若者たちが社会正義の実現をイスラーム主義に託し、運動に参加していく。さらに、社会的不満も重なり、イスラームに敬虔な中間層の人々もイスラーム主義を説く改革主義路線の指導者に同調していった。

一九八九年に結成されたＦＩＳは、こうしたアルジェリア国内のイスラーム主義運動の諸潮流が結集したものであり、必ずしも内部に統一的な性格を持っていたわけではなかった。それゆえ、一九九二年にFISが非合法化されて政治改革路線が行き詰まると、内部での対立が激しくなり、イスラーム主義運動の急速な内部分裂を招くことになるのである。

武装闘争の開始

一九九一年一一月二九日、イスラーム主義運動急進派の武装グループがアルジェリア・チュニジア国境地帯の軍駐屯所を襲撃し、アルジェリア軍の兵士三人を殺害するという事件が発生する(17)。襲撃グループのリーダーであるタイイブ・アフガーニーは元アフガン義勇兵で、政治手段ではなく武装闘争によって権力の奪取を目指す「サラフィスト・ジハーディスト」であった。事件後、アフガーニーは逮捕され、軍事法廷で死刑判決を受けて処刑された。そして、この事件は「暗黒の一〇年」と呼ばれる暴力の連鎖の始まりとなる。なお、このとき、マダニやベンハジらのFIS指導者は投獄されており、FISの求心力は失われていた。

一九九二年三月にFISが非合法化されると、イスラーム主義運動のなかの改革主義路線は挫折し、代わって急進主義路線が台頭していく。国内各地では、小規模の武装集団が乱立し、アルジェリア政府に対する武装闘争が始まった。主な攻撃目標は、アルジェリア政府要人および軍や警察などの治安部隊であった。

一九九二年二月、アルジェ市内にある海軍司令部が武装集団によって襲撃されるという事件が発生し、このあともアルジェ市内では警察車両が銃撃されるなど治安部隊に対する攻撃が頻発する。さらに同年八月にはアルジェ空港内で爆弾事件が発生し、民間人を含む八人が死亡、一二八人が負傷した。このほかにも、国内各地で治安部隊への襲撃が繰り返され、犠牲者数は同年末までに約一二〇〇人に達した(18)。

GIAの結成

一九九二年一〇月、アルジェ近郊で三つの武装集団が結集し、「武装イスラーム集団(GIA)」が結成される。GIAの指導者はほとんどが都市貧困層出身の二〇代や三〇代の若者であった。例えば、GIA結成のまとめ役で、初代指揮官(アミール)となったアブドゥルハック・ラヤーダは、アルジェ近郊の民衆地区バラキの出身者で、一九八八年の暴動以後にイスラーム主義に目覚めた三〇歳過ぎの元自動車修理工であった(19)。このあと、GIAは国内の武装集団を統合していき、武装闘争のイニシアティブを握っていく。

GIAは従来の武装集団よりも過激な路線をとり、政府要人や治安部隊だけではなく、体制を支える広範な人たちを攻撃対象に加えた。国内の政治体制に揺さぶりをかけ、不安定な状況を作り出す戦術をとったのである。GIAのスローガンは、「妥協も、休戦も、対話も断固拒否」というものであった(20)。

GIAは、現体制を支持するような報道や公教育を禁止すると宣言する。そしてこのあと、GIAによってジャーナリストや大学教員、弁護士、医師など多くの知識人が暗殺されていくことになる。GIAの論理では、こうした知識人は西洋文明に毒されたイスラーム不信仰者であり、体制と癒着した体制支持者であるとされたのである。

犠牲となったのは、国内の著名な社会学者（一九九三年三月）、作家や精神科医（同年五月）、アルジェ美術高等学校長や科学技術大学の学長（一九九四年三月）、アルジェリア人権連盟の会長（同年六月）、ブリダ農学研究所所長（同年八月）などであり、そのほかにもジャーナリスト数十人がGIAによって殺害された。教育省は、一九九三年からの二年間で、約六〇〇の学校が破壊され、約五〇人の教員が殺害されたと発表した(21)。

さらに、GIAはアルジェリア在住の外国人を、現体制の支持者とみなし、攻撃の対象に加えていく。一九九三年九月には、アルジェリア西部で二人のフランス人技師が殺害され、この年だけで計二六人の外国人が犠牲になった(22)。

とくに、GIAはアルジェリア政府を支援しているとしてフランスに対するジハードを宣言する。一九九四年八月には、アルジェにあるフランス大使館の大使館員五人が殺害された。また、同年一二月には、GIAのメンバーがアルジェ国際空港に侵入し、乗員一二人と乗客二二〇人が乗るパリ・オルリー空港行きのエール・フランス機をハイジャックする。ハイジャック犯は、イスラーム主義運動の指導者の釈放やフランスへの離陸許可などを要求し、見せしめのため、機内にいたアルジェリア人警察官やベトナム人外交官、フランス大使館に勤務する料理人を殺害した。このあと、エール・フランス機は実行犯と人質を乗せたままアルジェ空港を離陸したが、給油のため立ち寄ったフランス・マルセイユ空港でフランス軍特殊部隊の突入作戦により、ハイジャック犯は射殺され、事件は終息した。

こうしたGIAによる過激な武装闘争に危機感を持ったFIS指導部は、一九九四年七月、独自の軍事部門として「イスラーム救世軍（AIS）」を創設する。そしてこのあと、AISは武装闘争の路線をめぐり、GIAとのあいだで激しい争いを繰り広げることになる。

一方、フランスは、国内に七〇万人以上のアルジェリア系移民を抱えており、アルジェリアでの治安悪化はフランス国内の治安を脅かすことでもあった。フランス政府は、国内でGIA支援者の摘発を徹底的に進める。これに対して、GIAはフランス国内での武装闘争を宣言してパリ地下鉄爆弾事件を引き起こすなど過激な行動を取っていく。さらに一九九六年三月、アルジェリア中部のティビリーヌにおいて、同地で活動していたフランス人修道士七人が誘拐され、虐殺されるという事件が発生する。いわゆる「ティビリーヌ修道士殺害事件」である。この事件の残虐性は世界を震撼させ、イスラーム主義者からも非難が巻き起こった。

GIAによる過激な武装闘争が続くなか、一九九五年一月、国外で活動するFISの指導部を中心とするグループはアルジェリア政府に対して和平プランを発表する。その内容は、政府がFISへの弾圧を中止すること、FISが武装グループの攻撃を中止させること、権力を中間層に委ねることという三つの柱から成り立っていた（23）。

ただし、ＧＩＡはこの和平プランに同意せず、むしろアルジェリア政府に対する安易な妥協だとしてＦＩＳを激しく批判した。

このあと、ＧＩＡの武装闘争はさらに激しさを増し、それに対抗する当局も容赦のない掃討作戦やＧＩＡメンバーの処刑を執行する。もはや、政治的妥協による国内融和の道は断たれ、治安部隊とＧＩＡとのあいだの熾烈な戦闘が消耗戦となって繰り返されていくのみであった。なお、軍がクーデターを起こし、緊急事態宣言が発令された一九九二年二月から一九九四年末までの約三年間だけで、アルジェリア国内の死者数は三万人に達したと推計されている（24）。

暴力の極限

一九九五年一月、アルジェ中心部の中央警察近くで駐車中の自動車に仕掛けられた爆弾が爆発する。犠牲者数は四二人、負傷者数は二五六人にも及んだ。なお、犠牲者の大半は一般市民であった。翌二月には、国内の刑務所で発生したイスラーム主義者による反乱に対して軍が鎮圧作戦を実行し、イスラーム主義者九九人と警備員四人が死亡した（25）。

アルジェリア政府とイスラーム武装集団のこうした暴力的応酬が続くなか、一九九五年一一月、大統領選挙が実施され、約六一％の得票率でゼルーワル将軍が選出された（26）。政治プロセス復帰への第一歩ではあったが、事実上、軍事政権の継続であった。

一九九〇年代を通じて、国内政治における軍部の影響力は決定的なものとなったが、そのなかでもとくに軍情報部（ＤＲＳ）は、治安関連のみならず、国内政治全般にわたって影響力を発揮するようになった。なによりも治安対策が国内の最優先課題とされた結果、ＧＩＡなど武装勢力との戦いで司令部の役割を務める軍情報部がアルジェリア国家の政策決定の中枢になったのである。軍情報部は政治の表舞台には登場しないまま、政権に影響力を及ぼし、アルジェリア政治を動かしていく。

ゼルーワル大統領はイスラーム主義者との対話を掲げたが、具体的な進展はみられず、政治的妥協を拒否するＧＩＡとの戦いは激しさを増す一方であった。ＧＩＡは市街地で無差別爆弾事件を引き起こすなどその行動をさらに過激化させていく。ＧＩＡは政治指導者や知識人、外国人だけでなく、彼らの説くジハードに参加しない一般市民までも現体制を支える側の「敵」とみなし、攻撃対象としたのである。

こうした行動によってＧＩＡは一般社会からますます乖離していく。そして、孤立したＧＩＡはさらに過激な行動に走るのである。軍の掃討作戦によって都市部から農村部に追われたＧＩＡは、地方の村々で住民虐殺事件を引き起こすことになる。

軍による治安維持が行き届かない地方の村では、武装集団に対抗するため住民による民兵団が組織されたが、ＧＩＡはこうした村を襲い、住民を殺害したのである。一九九七年八月二九日にはブリダ県で死者二二八人、九月五日にはアルジェ近郊で死者一二〇人、九月二〇日には同じくアルジェ近郊で死者二一二人に及ぶ虐殺事件が発生している。このほかにも、ホテルやレストランなど一般市民が集まる場所での無差別爆弾事件が発生した(27)。

なお、先に言及したティビリーヌ修道士殺害事件を含め、アルジェリア国内での虐殺事件について、軍や警察の関与が疑われることがある。GIAへの反感を喚起するためにGIAによる虐殺を黙認したとする説や、あるいはGIAではなく軍や警察が虐殺を実行したとする説もある。こうした陰謀説への疑いは、いまもアルジェリア国民のなかに根強く残っている。しかし、その真相は明らかではない。虐殺事件など治安関連情報は軍情報部が管理し、依然として詳細は伏せられたままだからである。

ブーテフリカ大統領の登場

一九九八年九月、ゼルーワル大統領は任期途中での辞任を発表し、翌一九九九年四月、約七四%の得票率で元外相のブーテフリカが大統領に選出された(28)。もちろん、ブーテフリカの大統領就任の背後に軍部の支持があったことは確かではあるが、それでも文民出身大統領の誕生はアルジェリアの政治正常化への道を期待させた。

ブーテフリカは大統領に就任すると、治安回復と国家再建のため、国民和解政策を推進する。一九九九年九月には、国民和解法が国民投票で可決され、殺人や強姦の罪を犯した者を除き、半年間の猶予期間中に投降したイスラーム主義者に恩赦を与えることが約束された。この結果、FIS系のAIS戦闘員など約六〇〇〇人のイスラーム主義者が投降した(29)。また、猶予期限の二日前、AISは自主解散の声明を発表する。このほかにもブーテフリカ大統領は軽犯罪で投獄されていたイスラーム主義者を釈放するなど国民和解政策を進める。

アルジェで選挙演説を行うブーテフリカ(1999年4月11日 写真提供:AFP=時事)

ただし、こうした宥和策の一方で、政治プロセスを拒絶し、武装闘争を続ける武装集団に対しては徹底的な掃討作戦を継続した。

一般市民を攻撃対象に加えて虐殺事件を引き起こしたGIAは、その路線をめぐり、内部対立が起こっていた。一九九八年には、市民への無差別攻撃に反対するハッサン・ハタブを中心とするメンバーがGIAから離反し、「宣教と戦闘のためのサラフィー主義集団(GSPC)」を設立する。このあと、GIAは内部抗争によって衰退し、代わってGSPCが武装闘争の主流となる。GSPCはブーテフリカ大統領の国民和解政策を拒絶し、カビリ地方と呼ばれるアルジェ近郊の山岳地帯を拠点に、軍や警察など治安部隊への攻撃を繰り返した。

このGSPCの指導者の一人が、二〇一三年一月のアルジェリア人質事件の首謀者であるモフタール・ベルモフタールである。ベルモフタールは一九七二年にアルジェリア南部のガルダイア県に生まれ、一九九一年にアフガニスタンで軍事訓練を受けたあと、翌一九九二年に帰国してGIAに加わった人物である。このあと、ベルモフタールはGIAからGSPCに移り、独自に「覆面旅団」を組織してアルジェリア南部のサハラ地域を活動場所として外国人誘拐や武器・麻薬の密売などに関わっていく。二〇〇三年には、サハラ地域を旅行中のヨーロッパ人三一人を誘拐し、総額六〇億円にも及ぶ莫大な身代金を手にしたとも伝えられている(30)。

ただし、全体的にみれば、アルジェリアにおけるイスラーム主義運動は大衆の支持を失い、その勢力は衰えていった。アルジェリア国民の大多数は、イスラーム国家建設による変革よりも治安の安定と秩序の回復を望んだのである。

GSPCなどの武装勢力は軍の掃討作戦によって都市部から追われ、山岳地域とサハラ地域で活動を続ける。その後も治安部隊への攻撃は継続したものの、その規模は徐々に縮小した(31)。

二〇〇四年四月、ブーテフリカ大統領は約八五%の得票率で再選された。一九九〇年代と比べて治安状況は大きく改善され、アルジェリアの国家再建は順調に進むようにも思われた。

テロの国際化

一九九〇年代、アルジェリア国内で治安部隊とGIAが激しい戦闘を繰り広げていた頃、国際社会はアルジェリア政府に対して冷たく厳しい目を向けていた。当時は東欧諸国で民主化が進み、民主主義や自由主義が世界的潮流となっていた時期である。これに対して、アルジェリアではクーデターによって権力を掌握した軍事政権が野党であるFISを非合法化して弾圧したため、民主主義や自由主義に逆行していると受け取られたのである。ＦＩＳの国外での広報活動もあり、西洋諸国のなかにはＦＩＳに対して好意的な意見も現われた(32)。

こうした国際世論が大きく変化するのは、二〇〇一年九月一一日のアメリカ同時多発テロ事件によってである。いうなれば、世界の関心が民主主義や自由主義から「テロとの戦い」に移ったのである。この結果、アルジェリアは民主主義の潮流に逆行する軍事国家というイメージから、「テロとの戦い」に先駆的に取り組み、自らの力でテロリズムを鎮圧して治安を回復した国として注目を集めることになるのである。アルジェリア政府も、外国から支援を受けずにひたすら自力のみでその鎮圧に成功したという自意識を持つようになる。さらに、アルジェリアはテロ対策に関わる国際条約の制定にあたってリーダーシップを発揮するなど、テロリズム問題で国際的にも大きな発言力を持つようになる。

その一方で、九・一一以後の世界的なテロリズムの展開は、アルジェリアの国内情勢に大きな影響を与えていく。アルジェリア国内で活動していたＧＳＰＣがアル・カイーダと手を組むのである。

二〇〇三年九月、ハタブの後任としてＧＳＰＣの最高指導者となったナビル・サフラウィは、アル・カイーダへの支持を表明し、ＧＳＰＣはアルジェリアにおける外国権益への攻撃を宣言する。二〇〇六年九月には、アル・カイーダの最高指導者の一人であるアイマン・アル・ザワヒリがＧＳＰＣのアル・カイーダへの合流を宣言し、サフラウィ死亡後にＧＳＰＣ最高指導者となっていたアブデルマレク・ドルークデルがアル・カイーダへの忠誠を誓うとともに、二〇〇七年一月にＧＳＰＣを「イスラーム・マグレブ諸国のアル・カイーダ（英ＡＱＩＭ、仏ＡＱＭＩ）」に改称した。

ＡＱＩＭは、アルジェリア政府の打倒を掲げるとともに、アル・カイーダの支部としてグローバル・ジハードの実現を目指し、活動を拡大していく。

二〇〇七年一二月一一日、ＡＱＩＭはアルジェ中心部にある最高裁判所および国連難民高等弁務官事務所の二カ所で爆弾事件を引き起こす。この事件で国連職員一七人を含む四二人が死亡した。

また、ＡＱＩＭは警察署や兵舎などを標的に爆弾事件をたびたび引き起こしたほか、サハラ地域において外国人旅行者や外国人技術者などの誘拐事件を引き起こしていく。

現在、ＡＱＩＭの活動地域はアルジェリア、リビア、モーリタニア、ニジェール、マリなど北アフリカの数カ国に及んでいる。ただし、ＡＱＩＭは作戦面や資金面で組織が一元的に統合されてはおらず、ＡＱＩＭ内の各派閥が自律的に活動を行っているとみられる。ＡＱＩＭの戦闘員は数百人規模とみられ、アルジェリア人だけでなく、北アフリカ出身者や北アフリカ系のヨーロッパ出身者などで構成されている。

爆破されたアルジェの国連難民高等弁務官事務所
（2007 年 12 月 11 日　写真提供：EPA＝時事）

なお、ベルモフタールは、ＡＱＩＭ最高指導者のドルークデルと対立して、二〇一二年一二月、ＡＱＩＭから離脱する。アルジェリア人質事件は、ベルモフタールが設立した「覆面旅団」の一部隊である「血判部隊」が実行したものである。

ジャスミン革命

二〇一〇年一二月一七日、アルジェリアの隣国チュニジアで、ショッキングな事件が発生する。チュニジア中部の町シディ・ブジドの路上で野菜売りの仕事をしていた青年が、突然、警官から販売許可がないととがめられ、商売道具を没収された上、暴行を受けたのである。間接的なワイロの要求だったとも言われる。青年は警官の横暴さに抗議するため役所に行くが相手にされず、ささやかな職を奪われ、怒りと絶望の末、役所の前で焼身自殺を図った。一九八四年生まれの二六歳であった。

この事件は、若年層の失業率が高く、正規の職には容易に就けないチュニジアの社会的な閉塞状況を象徴するとともに、チュニジアのベンアリ大統領による強権的で腐敗した政治体制の深刻さを示す事件でもあった。加えて、折から続く世界的な食料価格の高騰によって国民生活は追い詰められており、社会的不満は頂点に達していた。

このあと、シディ・ブジドの町では住民による抗議デモが発生する。そしてその様子がユーチューブやフェイスブックなど通して拡散し、チュニジア各地で自然発生的にデモが巻き起こっていくのである。

デモは当初、生活の困窮を訴えるといった内容であったが、ついにはベンアリ独裁政権の打倒を訴えるデモに変わっていく。首都チュニスでも大規模なデモが行われ、暴徒化した若者によって官庁や警察署といった公共施設、さらに商業施設などが襲われた。政府は夜間外出禁止令を出すなど沈静化に努めたが、国内で巻き起こる「ベンアリ・デガージュ（ベンアリ出て行け）」の声は日増しに膨らんでいった。

二〇一一年一月一四日、ベンアリ大統領は、デモ鎮圧のために実弾の使用を軍に命じるが、軍司令官はこの命令に従わず、身の危険を感じたベンアリ大統領は国外に逃亡する。こうして、二三年間続いたチュニジアのベンアリ政権は崩壊した。一連の政変は、チュニジアを代表する花にちなんで「ジャスミン革命」と呼ばれている。

シディ・ブジドの革命記念碑（2012 年 2 月　筆者撮影）

このあと、チュニジアで発生した政変はアラブ諸国に飛び火する。エジプトやリビアなどでは反政府デモが巻き起こり、独裁政権が倒された。こうした政変がアラブ諸国に広がった背景には、若年層の失業問題、食料価格の高騰、政治腐敗、長期独裁体制などチュニジアと同じような政治・経済・社会的構造が等しく存在していたからであろう。

ただし、こうしたアラブ諸国での動きとは対照的に、アルジェリアでは民主化デモは広がらず、政変の動きにはつながらなかった。その理由は明らかであろう。一九九〇年代の民主化プロセスの挫折の後に起きた「暗黒の一〇年」のトラウマが深刻だったからである。

チュニジアで「ジャスミン革命」が発生した二〇一一年一月当時、筆者はアルジェ市内に在住していたが、知り合いのアルジェリア人の意見はほぼ共通であった。「革命は無政府状態を生みだし、その結果、大混乱が起きて悲劇に陥る」というのがその見解である。アルジェリア国民にとっては、いまだ一九九〇年代の暴力の連鎖が生々しい記憶として刻まれており、混乱や無秩序をなによりも恐れ、忌避したのである。アラブ諸国で政変が広がるなかで、アルジェリア国民は政府に不満を持ちながらも過激な行動は控え、革命よりもまず政治的安定を選択したのはそのためであろう(33)。

二〇一四年四月には、ブーテフリカ大統領が健康問題を抱えながらも再選された。アルジェリア国民は、既存体制に不満を持ちながらも、その継続を選んだのである。

今後の情勢

ジャスミン革命のあと、隣国リビアではカダフィー政権が崩壊した。ＡＱＩＭはこの混乱につけいり、組織の拡大を図るとともに、旧リビア政府軍から流出した武器を入手したと言われる。アルジェリア人質事件で使われた武器も多くが旧リビア政府軍から流出したものであるとみられている。なお、ＡＱＩＭは二〇一二年九月に発生した在ベンガジ米国領事館襲撃・米国大使殺害事件への関与も疑われている。

一方、マリ北部では、ＡＱＩＭはトゥアレグ族の反乱に乗じて他の組織と連携しながら同地域の実効支配を図った。これに対し、二〇一三年一月、フランスがマリ政府の要請に基づいて、マリ北部への空爆や地上軍投入など軍事介入を行ったことはすでに言及したとおりである。

ただし、AQIMによる活動の活発化とは裏腹に、アルジェリア国内では武装勢力に対する一般市民からの支持は完全に失われている。アルジェリア人質事件においても、武装集団の主張に賛同する声はアルジェリア国内からはまったく聞こえてこなかった。

なお、一九八八年の暴動に端を発したアルジェリアのイスラーム主義運動について、この運動自体が挫折し、失敗に終わったという指摘もある。私市教授は、イスラーム国家建設を目指す「イスラーム主義運動」はその非現実性と内部対立によって市民の失望を招いて挫折し、代わって、政治と宗教の自立を進める穏健な「イスラーム運動」が台頭していると指摘している(34)。この点では、アルジェリアやチュニジアなどのマグレブ諸国とイラクやシリアなどの中東諸国では状況に違いが認められる。

「ポスト・イスラーム主義」と名付けられたこうした動きから考えると、アルジェリアにおいてイスラーム国家建設を目指すイスラーム主義運動が再び活性化する状況は現時点では考えにくい。それでは今後、アルジェリアではAQIMなどによる散発的な攻撃は残るものの、国内政治は安定していくと予想できるのであろうか。

この点に関し、筆者はあるアルジェリア人ジャーナリストからの指摘を思い出す。その指摘とは、「アルジェリアの社会状況は、国民の不満が爆発し、暴動が発生した一九八八年の状況とまったく変わっていない。むしろ、悪くなってさえいる。国民の不満が再び暴発する危険性は、いまもなお残っている」というものである。

アルジェリアは政治的には軍部とくに軍情報部の強い影響力が残り、天然資源や許認可権をめぐってFLN旧指導層や軍幹部を中心とする腐敗構造も深刻である。また、社会経済的には若年層の失業率は二五%に達し(35)、さらに都市化に伴う住宅不足や生活インフラの未整備、食料価格の高騰など市民生活の困窮は続いている。一九八八年に掲げられた社会変革の要求はいまだに実現していないのである。

アルジェリアにおいて政治的安定を確立するためには、こうした社会問題の改善が不可欠である。言い換えれば、グローバル経済のなかでアルジェリアがどのように経済開発を進め、いかに市民生活を向上させていくのかという経済的課題が政治的安定と結びついているのである。

次章では、アルジェリアにおける経済開発の歩みをたどり、現在のアルジェリア経済、とくにグローバル化の中でのアルジェリア経済の現状と課題を探っていきたい。

【注】

(1) 桃井治郎[二〇一五]『「バルバリア海賊」の終焉:ウィーン体制の光と影』風媒社。
(2) フランスによる征服期および植民地期については、次を参照。宮治一雄[一九九四]『アフリカ現代史V(第二版)』山川出版社、および、バンジャマン・ストラ[二〇一一]『アルジェリアの歴史:フランス植民地支配・独立戦争・脱植民地化』小山田紀子・渡辺司訳、明石書店。
(3) ストラ前掲書、三八~四二ページ。

(4) ギー・ペルヴィエ[二〇一二]『アルジェリア戦争』渡邊祥子訳、白水社、三九頁。
(5) 独立戦争期については、次を参照。宮治前掲書、ストラ前掲書、およびペルヴィエ前掲書。
(6) ペルヴィエ前掲書、六二頁。
(7) ブルース・ホフマン[一九九九]『テロリズム』上野元美訳、原書房、八一頁。
(8) ストラ前掲書、二二〇頁。
(9) ホフマン前掲書、八一〜八二頁。
(10) 独立後の政治体制については、次を参照。宮治前掲書、および、ストラ前掲書。
(11) ストラ前掲書、四八六頁。
(12) シャドリ大統領の名字はベンジェディードであるが、アルジェリア国内でも本邦でも一般的な呼び名であるシャドリ大統領の表記を本書でも用いる。
(13) 一九八〇年代末からのイスラーム主義運動の台頭とその後の混乱については、次を参照。私市正年[二〇〇四]『北アフリカ・イスラーム主義運動の歴史』白水社、および、渡辺伸[二〇〇二]『アルジェリア危機の一〇年：その終焉と再評価』文芸社。
(14) 渡辺前掲書、一一一頁。
(15) 同書、一三三頁。
(16) 私市前掲書。
(17) 同書、二五六頁、および、渡辺前掲書、一四九頁。
(18) 宮治前掲書、二六二頁。
(19) 私市前掲書、二六二頁。
(20) 同書、二六八頁。
(21) ストラ前掲書、五一九〜五二〇頁。

（22）私市前掲書、二六五頁。
（23）同書、二七一頁。
（24）ストラ前掲書、五二八頁。
（25）同書、五二九～五三〇頁。
（26）渡辺前掲書、一六四頁。
（27）私市前掲書、二七七～二七八頁。
（28）渡辺前掲書、二八九頁。
（29）渡辺前掲書、六七頁。
（30）テレグラフ紙記事："Algeria hostage crisis: militant group wanted to trade US hostages for 'Blind Sheikh'", *The Telegraph*, 18/01/13. (http://www.telegraph.co.uk/news/worldnews/africaandindianocean/algeria/9811841/Algeria-hostage-crisis-militant-group-wanted-to-trade-US-hostages-for-Blind-Sheikh.html)
（31）私市教授の集計では、一九九四年に六〇〇〇人、一九九五年には八〇〇〇人を越えていたテロの犠牲者は、二〇〇〇年には約一五〇〇人、二〇〇一年には約一二〇〇人、二〇〇二年には約九〇〇人となっている。私市前掲書、二七四頁。
（32）渡辺前掲書、七一～八〇頁。
（33）桃井治郎［二〇一一］「アルジェから見たチュニジア革命」『アリーナ』（中部大学）第一一号、四三五～四三八頁。
（34）私市正年［二〇一二］『原理主義の終焉か：ポスト・イスラーム主義論』山川出版社。
（35）アルジェリア統計局（ＯＮＳ）資料："Activité, Emploi & Chômage au 4ème trimestre 2013", ONS.

第四章――グローバル経済のなかで

脱植民地経済の模索

前章ではアルジェリアにおける政治的変遷についてみてきたが、一九九〇年代に過激なイスラーム主義運動が生まれた背景や今後のアルジェリア情勢について考えるためには、経済的側面に着目することが必要である。本章では、独立後の経済開発の歩みをたどりながらアルジェリアの経済構造について考察し、現在のグローバル経済のなかでアルジェリアが抱えている課題について検討する(1)。

一九六二年、フランスとの激しい戦いを経て独立を勝ち取ったアルジェリアが直面したのは、経済的な自立すなわち植民地型経済構造からの脱却であった。

フランス植民地期には、アルジェリアはブドウ栽培を中心とする農業生産に依存したモノカルチャー経済であった。一九五六年の統計をみると、輸出総額の約六七%は農産品が占めており、工業品などの完成品の輸出は約四%に過ぎない。一方、輸入総額では完成品の輸入が約四九%を占めている。すなわち、独立時のアルジェリアは特定の農産品を輸出して工業品を輸入する典型的な植民地型経済構造だったのである。なお、貿易相手国は輸出入額ともフランス・フラン圏が八〇％以上を占めていた(2)。

一九六四年、ベンベラ大統領はＦＬＮ党大会で社会主義経済の建設を宣言する。同大会では、アルジェリア経済の問題点として、脆弱な産業基盤、フランス入植者の引き上げに伴う経済停滞と技術者の不足、農業部門への労働人口の偏在、失業者の存在、教育および教育機関の欠如などが指摘された(3)。こうした問題に対処するために、国家主導による社会主義経済の建設が目指されたのである。

独立前の一九四〇年代から、アルジェリア南部では石油資源の開発が始まっていた。ハッシメサウドやハッシルメルなどで大油田が発見され、原油・天然ガス生産が開始されていた。独立後のアルジェリアは、原油・天然ガス輸出で得た収益を利用し、国内インフラの整備と産業の育成を進めていくのである。

一九六五年にクーデターによって権力を得たブーメディエン体制のもとで、具体的な経済開発は進められた。政策の中心は国内産業の育成に置かれ、大型の開発計画として、七〇～七三年には第一次四カ年計画が、七四～七七年には第二次四カ年計画が実施された。重点分野は炭化水素資源（原油・天然ガス）開発と、石油化学工業や鉄鋼業など重化学工業を中心とする工業であった。

一九七〇～七九年までの公共投資総額のうち、炭化水素分野が約二九％、工業分野が約三二％と、両分野で合計六一％を占め、そのほかの農業や漁業、住宅・教育などの分野と比べて資源および工業分野に集中的に投資が行われている(4)。

一九八〇～八四年の五カ年計画では、工業分野への過度の偏りは是正されたが、それでも開発投資額の割合をみると、炭化水素分野が約一七％、工業分野が約二二％で合計三九％が両分野に投資されている。ちなみに、五カ年計画における農業分野への投資比率は約一二％、住宅分野が約一五％、教育・職業訓練分野が一一％、社会インフラ分野は約六％であった(5)。

こうした大型開発計画の実施により、一九六七〜七八年までの経済成長率は年平均で約七・五％と、アルジェリア経済は大きく飛躍する。ただしその内実は、工業化の進展に伴う自立的な経済発展というよりも、投入量の増大すなわち大型開発計画に伴う公共投資の増加に帰すところが大きいと思われる(6)。国内経済の質的側面すなわち国営企業の生産性向上や工業化の達成という点では大きな成果はみられず、むしろ国際競争力の点では後退を示すデータさえみられるからである。例えば、工業製品の国内充足率は、一九六七年の約四八％から七七年には約二四％に低下している(7)。

一方、この時期には工業化の不調とは対照的に資源分野では開発が進み、アルジェリア経済は徐々に炭化水素資源に依存するようになっていく。輸出総額に占める炭化水素資源の比率は、一九六五年には約五四％、七〇年には約七〇％、七五年には約九三％、八〇年には約九八％と高まっている(8)。つまり、数字上は経済成長を達成していたものの、実態でみれば、工業化の進展どころか、むしろ炭化水素分野に依存する経済構造に陥ってしまったのである。

そして、一九七〇年代後半以降、国営企業の経営悪化が深刻化すると、政府は社会主義経済路線の修正を余儀なくされる。

図4-1：原油価格（1バレル当たり）推移（1980-2014年）

（出典：BP統計）

社会主義経済の破綻

一九八〇年、シャドリ大統領は、国内経済を立て直すため国営企業改革に着手し、国営石油会社（ソナトラック）や鉄鋼公社、機械組立公社など国営企業の分割再編成を行う。さらに一九八五年からの第二次経済機構改革では、国営企業の経営自主化や一部民営化が進められた。

しかし、一九八六年以降、アルジェリア経済は極度の不振に陥っていく。八六～八八年の実質ＧＤＰ成長率はマイナスを記録している。

経済不振の最大の原因は、国際的な原油価格の下落であった。一九八〇年代前半には一バレル三〇ドル前後で推移していた原油価格が、八六年には約一四ドルに下落し、その後も二〇〇〇年代に入るまで一五～二〇ドル前後と低水準を推移したのである(9)。背景には、七〇年代にＯＰＥＣ主導で原油の高価格水準が続いたため、北海油田やアラスカ油田など非ＯＰＥＣ国の石油開発が進み、その供給量

図4-2：アルジェリアの対外債務残高と対GDP比（1970-2007年）

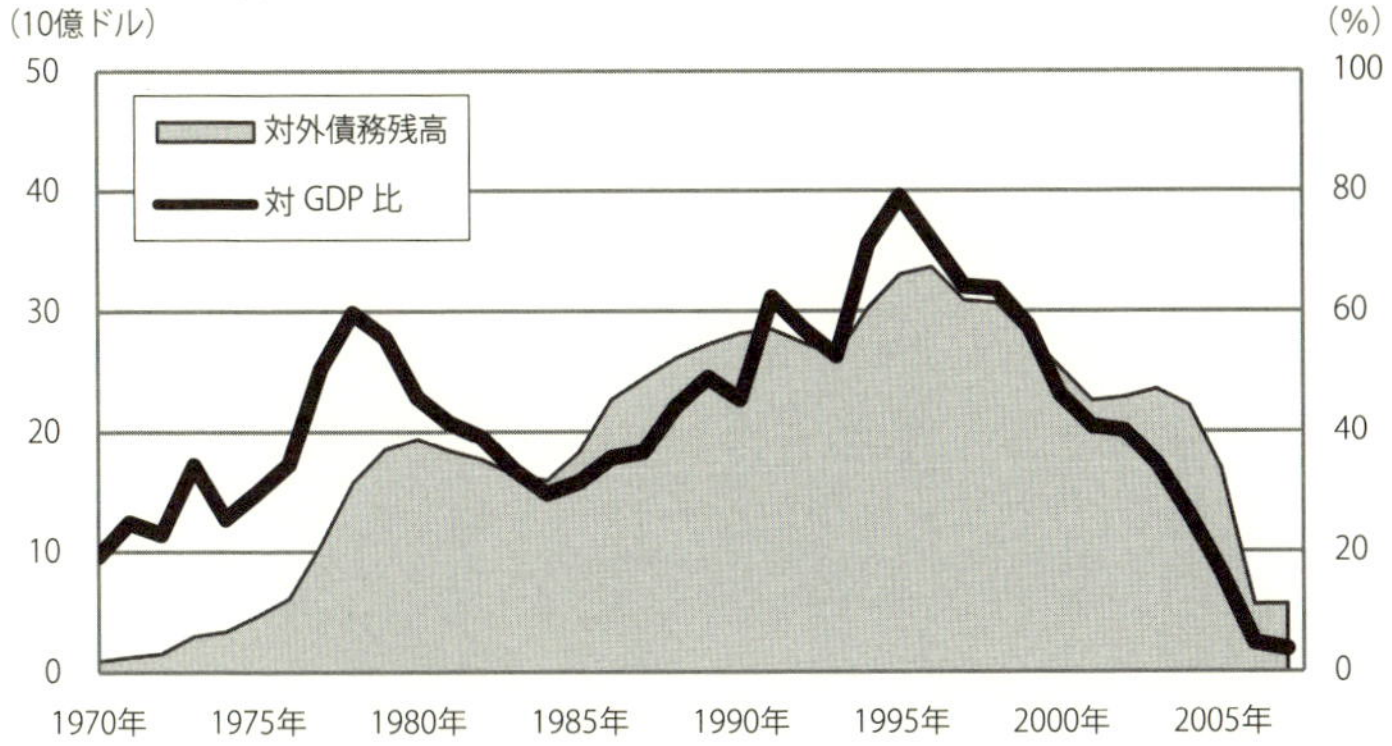

（出典：IMF）

が増大して、ＯＰＥＣによる管理価格体制が崩れたことがあげられる。

　原油価格の下落はアルジェリア経済を下支えしていた炭化水素収入の大幅な減少を招き、大規模な公共投資による工業化の推進という従来のアルジェリア型開発モデルの崩壊を意味した。そればかりか、炭化水素収入の激減は、深刻な財政赤字と対外債務の累積を招くことになる。

　アルジェリア政府は、財政赤字と対外債務の削減のため、財政支出の削減と輸入の抑制という緊縮マクロ政策を採用する。この結果、緊縮財政によって国からの支援を失った国営企業の多くが経営不振や経営破綻に陥ることになった。

　アルジェリアの労働市場も打撃を受け、一九九一年には失業率が二〇％を越えている（10）。なお、総人口は独立時の約一〇〇〇万人から一九九〇年には二五〇〇万人に達し（11）、人口の増加に伴う都市部の若年層を中心とする失業問題は深刻な事態であった。

さらに、輸入の抑制に伴い、生活必需品を含めた物資の不足と急激な物価上昇が発生した。国民生活は困窮し、社会的不満は日に日に増大していくという状況の下で、一九八八年のアルジェ暴動は発生したのである。

治安部隊とイスラーム武装勢力との戦闘が続き、治安が悪化した一九九〇年代、石油施設は軍の警備でかろうじて操業を続けたものの、アルジェリア経済は麻痺状態に陥った。財政と金融は破綻し、九二年には対外債務の返済不能状態となる。九五年には、対外累積債務残高はGDPの約七九%に相当する約三三〇億ドルに達している(12)。

一九九四年、アルジェリア政府は、対外債務の返済繰り延べの代わりに、IMFの構造調整プログラム(~九八年)を受け入れる。IMFの指導のもと、いっそうの緊縮マクロ政策が取られるとともに、社会主義経済が放棄され、国営企業の解体・民営化と市場開放による市場経済の導入が進められた。政府による支援を失った国営企業は、一九九七年末までに一四八四社のうち三六七社が整理・倒産し、五〇万人以上が職を失った(13)。

ブーテフリカ大統領の経済政策

一九九九年に大統領に就任したブーテフリカは、九〇年代の経済自由化政策を引き継ぎ、国営企業の民営化と外国資本への市場開放を進める。

一九九九年末、ブーテフリカ大統領は、国営企業の民営化と投資の促進を図るため、参加・改革調整省を新設し、旧知の仲であるテマールを大臣に任命した。さらに二〇〇一年には、民営化法や投資法を制定するなど、市場経済化への法整備を進める。投資法によって国内外の投資家に減税・免税措置などの特権を与えるなど、投資環境の向上が図られた。

ブーテフリカ大統領による制度改革は資源分野にも及ぶ。二〇〇五年に制定した炭化水素法では、国内の資源開発プロジェクトにおけるソナトラックの最低出資比率を従来の五一％から二〇～三〇％に引き下げることを決定した。同法のねらいは、投資環境を整備し、外国投資を呼び込むことで、同国における炭化水素分野の資源開発を促進することにあった。しかし、外資に開放的な同改正に対しては、アルジェリア労働総同盟（ＵＧＴＡ）が雇用の不安定化につながるとして懸念を示すなど国内から反対の声が強まり、施行直前の二〇〇六年、同法は突然再改正され、資源開発プロジェクトでのソナトラックの資本比率は再び五一％以上に戻された。炭化水素分野は、アルジェリアの基幹産業であるとともに、複雑な利権構造が埋め込まれており、外資の参入が進むことに土壇場で待ったがかかったのである。

炭化水素分野での揺り戻しはあったものの、全体としてはブーテフリカ大統領の経済自由化政策は推進された。例えば、非炭化水素分野では、民間企業の活動比率が一九九〇年の約五〇％から二〇〇八年には約八〇％に達している(14)。一九九九年以降の製造業分野でみると、国営企業による生産水準はマイナス成長なのに対して、民間企業による生産水準は三％前後とわずかながらもプラス成長を記録している(15)。

ただし、非炭化水素分野における外資の導入に関しては、政府による外資誘致政策にもかかわらず、その流入は低調であった。二〇〇〇～〇七年の年平均外国投資額はモロッコの二〇億ドル、チュニジアの一六億ドルに対してアルジェリアは一四億ドルに留まっており、外国投資額の対GDP比をみても、チュニジアの三・九％、モロッコの三・一％に対してアルジェリアは一・二％に過ぎない(16)。

低調な外国投資を補い、アルジェリア経済を牽引したのは公共投資であった。一九九〇年代に破綻したアルジェリアの財政・金融は、二〇〇〇年には対外債務残高の対GDP比が約二五％に落ち着くなど徐々に安定を取り戻していた。こうした財政・金融状況を背景に、ブーテフリカ大統領は経済自由化政策を進める一方で、もうひとつの経済政策の柱として国家主導の経済開発計画を進めていく。

ブーテフリカ大統領は、二〇〇一～〇四年に第一次経済振興計画を、〇五～〇九年に第二次経済振興計画を実施する(17)。重点項目は、道路網や鉄道・港湾・空港などの整備、住宅建設、ダムや淡水化施設といった水資源開発など産業・社会インフラの整備と農村開発・農業振興であった。

第一次経済振興計画では、国土整備・社会インフラ整備に約二七億ドル、農村開発に約一四億ドル、農業分野投資に約八億ドルなど総額で約七二億ドルの予算が計上された。

第二次経済振興計画は、当初の計画では総額約五五〇億ドルが計上され、住宅や教育など国民生活向上に約二四九億ドル、運輸・水資源など基礎インフラ整備に約二二一億ドル、農業・工業など経済成長促進に約四四億ドルが配分された。その後、予算額は膨らみ、最終的な予算総額は約一五〇〇億ドルに達した。

大まかな計算では、一年あたりの公共投資予算額（約三〇〇億ドル）は、二〇〇七年のGDP（約一四〇〇億ドル）の約二一％、財政支出（約四八〇億ドル）の約六三％に相当する(18)。

こうした大型予算を可能にしたのは、国際的な原油価格の上昇であった。原油価格は二〇〇〇年に入って上昇を始め、〇五年には一バレル五〇ドルを超え、〇八年には一バレル九七ドルに達するほど高騰していた(19)。アルジェリアにおいて炭化水素資源収入は輸出総額の約九八％、財政収入の約六〇〜八〇％を占めており、原油価格の上昇は財政・経常収支の安定に直結するのである(20)。

二〇〇六年には対外債務残高の対GDP比が約六％となり、対外債務はほぼ完済され、逆に外貨準備高は一九九八年の六八億ドルから二〇〇八年には一三八九億ドルに達した。また、炭化水素収入を背景にした大型公共投資に牽引され、二〇〇〇年代の経済成長率は二〜七％を記録し、一人当たりGDPも一九九八年の約一六〇〇ドルから二〇〇八年には約四七〇〇ドルとほぼ三倍近くに上昇した(21)。

二〇〇〇年代に入り、アルジェリア経済は、原油高→歳入増→大型開発計画の実施→公共投資による経済活性化→好調なマクロ経済という流れができたのである。

政策の転換

二〇〇八年七月、ブーテフリカ大統領は、国内での演説で、「（経済自由化政策という）われわれが選んだ道は楽園に至らない道であった。われわれは、とくに投資分野で自らの戦略とビジョンを見直さなければばならない」(22)と発言し、自らが進めてきた経済自由化政策について自己批判を行う。それは、突然の経済政策変更の宣言であった。

ブーテフリカ大統領の説明によれば、アルジェリアは外資開放政策を進めてきたが、実際に外資が参入したのは自動車販売や食料品輸入などの国内市場向けの商業分野がほとんどであり、政府が期待した工業分野ではなかった。商業分野への外国投資はアルジェリアの国内産業育成には役立たず、むしろアルジェリアから利益を吸い上げるだけである。外国企業が外国製品を売るだけの「バザール経済」にアルジェリアが陥らないためには、外国製品の輸入を制限し、商業分野への外国投資を規制しなければならない。これがブーテフリカ大統領の主張であった(23)。

ブーテフリカ大統領が示した方針に従い、アルジェリアの経済政策は大きく転換し、経済自由化政策を推進してきたテマール産業・投資促進大臣は主要ポストから外された。さらに、二〇〇八年九月に発生したリーマン・ショックに伴う原油価格の下落は、アルジェリア政府に危機感を生み、輸入削減と外資規制という新方針への歩みを加速させた。

翌二〇〇九年の補正予算法は、新方針を反映する内容となった。自動車ローンの禁止や新車税の増税、L/C決済義務化など輸入削減を目的としたさまざまな措置がとられた。さらに、投資プロジェクトにおける外資比率の制限（四九％以下）や外資プロジェクトの審査強化、利益外貨の送金規制など外国投資を規制する法改正が行われた。とくに、新規事業では国内資本が常に五一％以上を持つことが義務化されたため、計画中であったプロジェクトを含め、外国企業による投資計画の多くは再考を余儀なくされた。なお、これに先立ち、ブーテフリカ大統領は、市場経済化の方針は継続するものの、経済分野での国家の調整・介入の役割は強化されると言明し、従来の外資開放的な経済方針から外資規制的な経済方針へと転換した(24)。

その一方で、ブーテフリカ大統領のもうひとつの経済方針である大型開発計画の実施は継続された。二〇一〇～一四年の五カ年計画での予算規模は前五カ年計画の約二倍にあたる二八六〇億ドルが計上された。引き続き、重点分野は道路・鉄道・港湾・空港・水資源開発・住宅建設などの産業・社会インフラ整備と地方開発に置かれた。もちろん、こうした政策の背景には、原油価格の高騰が続いたことによって豊かな財政収入が確保されていたことがあげられる。

アルジェリア経済の脆弱性

マクロ経済の観点からアルジェリアの現状をみれば、ここ数年にわたって二～四％の低水準ながら安定的な経済成長率を維持しており、また、世界でも有数の外貨準備高を誇り、財政繰越金にあたる財政調整基金が積み増され、安定的で優良な経済状況であるように思える。しかし、中長期的観点に立ち、とくにその産業構造をみれば、アルジェリア経済の脆弱性が浮かび上がってくる。

二〇一三年の統計で分野別GDP比率をみると、炭化水素分野が三〇・〇%、サービス業が二三・一%、

表 4-1：産業分野別 GDP 比率

	1999-2004 年（平均）	2009-13 年（平均）
炭化水素分野	33.7%	33.3%
サービス業	22.0%	21.6%
行政サービス	11.1%	14.7%
建設・公共事業	8.7%	10.0%
農業	9.6%	8.9%
工業	7.6%	4.9%

注：税額の対 GDP 比率は除く。
（出典：アルジェリア中央銀行）

行政サービスが一五・二%、建設・公共事業が九・八%、農業が九・八%、工業が四・六%となっている（税額の対GDP比が七・五%）（25）。

　このように、炭化水素分野と行政サービス、建設・公共事業などを合わせると経済活動の五〇%以上が炭化水素分野および公共分野から成り立っているのである。それ以外の民間中心分野の経済活動では、サービス業が約二三%を占めるが、農業は約一〇%、工業は約五%に過ぎない。

　この傾向は近年変わっていない。ブーテフリカ大統領就任後の一九九九〜二〇〇三年の五年間と最近の〇九〜一三年の五年間の平均を比べると、炭化水素分野が三三・七%から三三・三%に、サービス業は二二・〇%から二一・六とほとんど変化はないが、行政サービスは一一・一%から一四・七%に、建設・公共事業は八・七%から一〇・〇%に増加する一方、農業は九・六%から八・九%に、工業は七・六%から四・九%に低下している（26）。ブーテフリカ大統領が産業育成や地方開発を進めたにもかかわらず、農業や工業は停滞しているのである。

　国営企業は、一九九〇年代以降、民営化が進められたこともあり、その活動は縮小している。一九八九年の国営企業の生産水準を一〇〇としたときの二〇一三年の国営企業の生産水準は九三に留まり、分野別にみると、炭化水素分野は一二〇、水資源・エネルギー分野は三八四、鉱業は一二〇、建設資材分野は一〇二と維持・拡大しているものの、化学工業は五九、電子・機械は六〇、食品加工は三六、木材・製紙は一五、繊維は一三、皮革は六に低下しており、木材・製紙、繊維、皮革などの分野は壊滅的である(27)。

二〇一三年の統計で労働人口の比率を分野別にみると、交通・通信・商業・サービスが六〇・〇%、建設・公共事業が一六・六%、炭化水素分野を含む工業が一三・〇%、農業が一〇・六%となっている。分野別GDPと比べると、炭化水素分野の雇用吸収力が低いのが特徴的である。なお、二〇一三年の統計では、公的部門労働者数は約四四〇万人と全雇用者の約四一%を占めている(28)。

失業率は、二〇〇一年の二七・三%から一三年の九・八%に大幅に減少したが、現在でも二五歳未満の若年層の失業率は二四・八%と高い水準にある。全国の失業者数は一一七万人とされる(29)。ただし、この統計は政府発表の数字であり、一時契約の労働者やパートタイム労働者も労働人口に含まれていることから、実質的な失業率はより高いとみられる。

アルジェリア経済は、分野別GDPでみれば炭化水素分野が約三〇%を占め、経済を牽引しているが、同

表 4-2：工業（国営企業）生産指数（2013 年）

全体	93
水資源・エネルギー	384
炭化水素分野	120
鉱業	120
建設資材	102
電子・機械	60
化学工業	59
食品加工	36
木材・製紙	15
繊維	13
皮革	6

注：1989 年を 100 とする。
（出典：アルジェリア中央銀行）

図4-3：物価上昇率（1997-2013年）

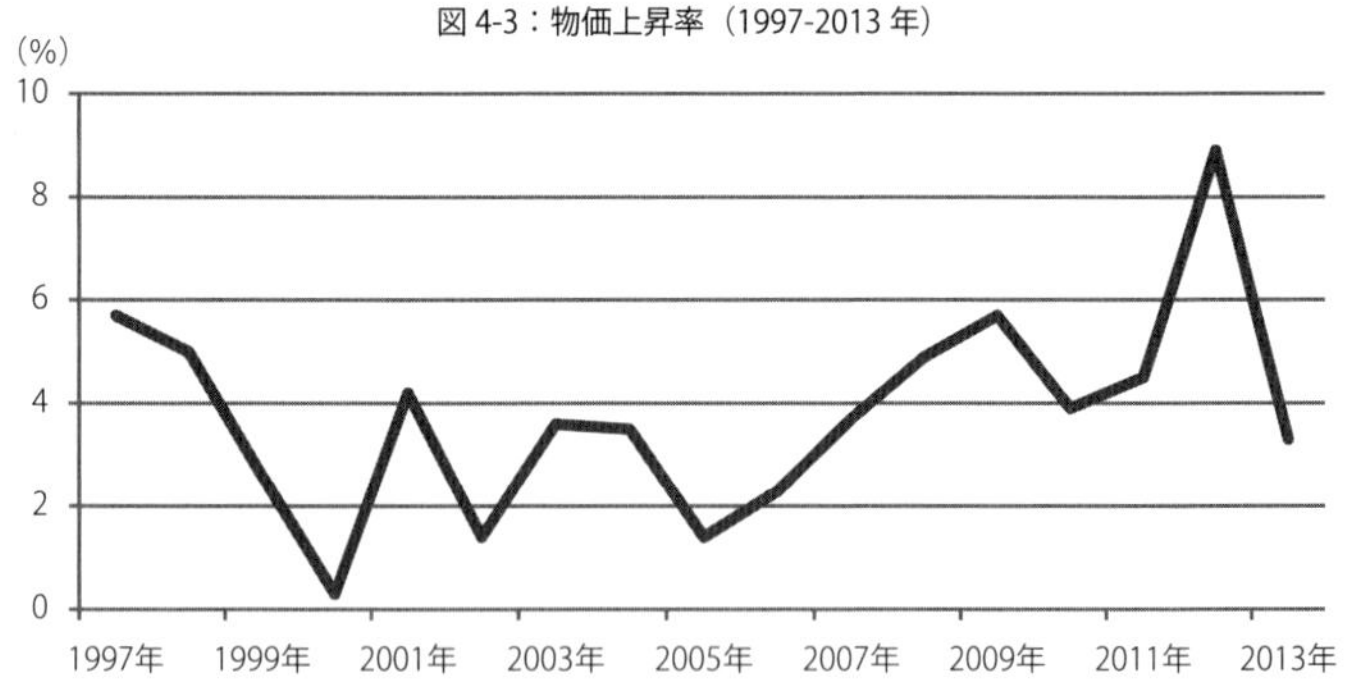

（出典：アルジェリア中央銀行）

分野は雇用吸収力が低く、労働市場は行政サービスや公共事業など公的支出が支えている。一方、農業や工業は、産業育成や地方開発にもかかわらず停滞し、増え続ける労働人口を吸収できるほどの雇用を生み出すには至っていない。とくに、若年層の失業問題は深刻である。

失業問題に加えて、食料を中心とした物価上昇が市民の生活を直撃している。世界的な食料価格高騰などの影響を受け、アルジェリアでも物価上昇が深刻となり、二〇一一年以来、物価上昇率は年平均四・五％、八・九％、三・三％と推移し、二〇〇一年を一〇〇としたときの二〇一三年の消費価格水準は全体で一六一、食料品に限ると一七五に達している(30)。

アルジェリア政府は、市民生活に直結する食料品価格の高騰を抑えるため、従来の小麦や牛乳に加えて砂糖や食用油に対する価格補助を開始し、また、生活物資の過度の価格のつり上げが行われないように規制や指導なども行われている。

なお、二〇〇九～一三年までの五年間で、アルジェリアの輸入総額は約一・五倍に増加し、財政支出は約一・四倍に増加した。増大する輸入や財政支出を支えているのが、炭化水素資源の輸出であり、関連税収である。二〇一三年の統計では、輸出総額のうち炭化水素資源が約九八％で、財政収入のうち炭化水素資源関連の税収が約六二％を占めている(31)。

ここまでみてきたとおり、アルジェリア経済は炭化水素分野が大きな役割を果しており、さらに公的支出を通して雇用面でも物価対策面でも炭化水素収入に依存する構造であるといえる。

その一方で、アルジェリアにとって最大の中長期的課題は、ポスト炭化水素時代への備えである。リーマン・ショックの影響で原油価格が急落した二〇〇八年一二月、当時のウーヤヒア首相は、「アルジェリアが直面する危機は原油価格の下落よりもむしろ原油資源の枯渇にある」と述べ、炭化水素依存経済からの脱却のために経済改革を急がなければならないと国民議会で訴えた(32)。原油・天然ガスが枯渇し、炭化水素収入が失われれば、アルジェリア経済はたちまち破綻してしまうからである。ブーテフリカ大統領の政策転換も、その根底には炭化水素収入が見込まれるうちに国内産業を育成し、自立的な経済構造を建設しなければならないという危機感があると考えられる。

中長期的観点に立てば、アルジェリア経済にとって国内産業の育成は急務の課題である。しかし、それではなぜさまざまな取り組みにもかかわらず、国内産業の育成が進まないのであろうか。

利益分配型経済と腐敗構造

グローバル経済のなかで国内産業が定着するためには、国際競争力を持つことが不可欠である。そして、そういった産業を育成するためには高い技術力を備えた外国企業との協力は欠かすことができない。

アルジェリア政府もこうした観点に立ち、外国投資の誘致を行ってきた。しかし、工業分野において外国投資の参入が進んでいないことはすでに指摘したとおりである。外国投資の参入が進まない最大の要因はアルジェリアのビジネス環境にある。

世界銀行の『Doing Business 2014』（33）によると、アルジェリアのビジネス環境は、調査国一八九カ国中一五三位、中東・北アフリカ地域では二〇カ国中一六位である。なお、中東では、ＵＡＥが全体の二三位、サウジアラビアが二六位、バーレーン四六位、オマーン四七位、カタール四八位と湾岸諸国が上位に位置するのに対し、北アフリカでは、チュニジアが五一位、モロッコが八七位、エジプトが一二八位となっている。

一方、アルジェリアは二〇〇六年以来、一二八位→一一六位→一二五位→一三四位→一三六位→一五〇位→一五二位→一五三位（二〇一四年）と、相対的にビジネス環境は悪化しているのである。

項目別でみると、事業開始手続きが一六四位、建設許認可取得が一四七位、電力取得が一四八位、不動産登記が一七六位、融資が一三〇位、投資家保護が九八位、税支払いが一七四位、貿易が一三三位、契約執行が一二九位、破産整理が六〇位となっており、投資家保護や破産整理などの法制度の面では中位にあ

表 4-3　近隣諸国との比較でみるアルジェリアのビジネス環境

	順位（189 カ国中）	事業開始		建設許認可取得		不動産登記	
		P	D	P	D	P	D
アルジェリア	**153 位**	**14**	**25 日**	**19**	**241 日**	**10**	**63 日**
チュニジア	51 位	10	11 日	19	94 日	4	39 日
モロッコ	87 位	5	11 日	15	97 日	8	60 日
エジプト	128 位	7	8 日	21	179 日	8	63 日

注：P＝手続き数，D＝必要日数。
（出典：世界銀行『Doing Business 2014』）

るものの、そのほかの行政手続きが関連する項目は下位に留まっている。たとえば、事業開始の項目をみるとアルジェリアでは一四の手続きで二五日かかり、建設許認可取得の項目では一九の手続きで二四一日かかり、不動産登記の項目では一〇の手続きで六三日かかるとされている。

こうした行政手続きの煩雑さや非効率性は、アルジェリアに勤務した経験を持つ人ならば実感を持って理解できるのではないだろうか。身近な行政手続きにおいても数々の形式的手続きが求められ、さらに申請に対する回答が遅延するなど、行政手続きの非効率性による弊害は日常的に発生している。アルジェリア政府も数年来、行政改革に取り組んでいるが、その成果はあまり得られていない。アルジェリアにおいて行政手続きの問題が解決しない理由について、筆者はアルジェリアの経済構造にその最大の原因があると考える。

先にみたとおり、アルジェリア経済は炭化水素収入に依存し、同収入をもとにして大型公共事業が行われるなど公的支出が国内経済を支えている。言うなれば、利益分配型経済なのである。一般に、アルジェリアにおいて事業が成功するかどうかは、高い技術力を持つとか、豊かな発想を持つとか、そのようなビジネス条件ではなく、事業を行うための許認可を得られるか、資金面での公的支援を得られるか、というような政治的条件に左右されるのである。そして、そのような許認可権を握るのが行政機構であり、さらにその上層部には旧FLNや軍情報部などの権力層が君臨し、そのファミリーがさまざまな許認可権を得て経済エリートとして活動しているというのがアルジェリア経済の実態であろう。行政機構における賄賂罪の強化など改革は行われているものの、基本的な構図は変わらないまま、アルジェリアの腐敗構造は継続し、悪化していると筆者は考える。アルジェリア国民のあいだではこうした権力層の腐敗は周知の事実であり、生活の困窮とあわせて政治的不満は高まるばかりである。

二〇〇八年のブーテフリカ演説に始まる経済政策の転換は、この腐敗構造の悪化を助長させる危険性を伴っている。国内産業育成のため経済活動への公的介入を増すことは、ますます行政の肥大化をもたらすことにつながるからである。そして、行政機構や権力層が既得権を得れば得るほど、その放棄は難しくなるし、アルジェリアのビジネス界における腐敗構造はますます強固なものとなっていくのである。

経済構造の硬直化

さらに、アルジェリア政府による政策転換は、炭化水素依存型の経済構造に拍車をかける可能性がある。アルジェリア政府の意図は、ポスト炭化水素時代を見据えて、同収入が得られるうちに自立的な国内産業を育成しなければならないというものであるが、実際には本来の意図とは逆の効果を生んでしまう危険があるのである。

遅れて経済発展を目指す国は、国内産業育成のために保護主義的措置をとることが有益であるとする議論は、イギリス古典経済学者のJ・S・ミルやドイツのフリードリッヒ・リストなど多くの経済学者によって古くから主張されてきた。国際競争力を持たない産業に対して、国家が一定期間、外国企業の参入制限や国内企業への金融支援などの措置によって国内産業を保護し、その間に生産能力や技術水準を高めて国際競争力を向上させるという戦略である。

ただし、幼稚産業保護論と呼ばれるこうした議論は、国内に十分な金融手段を持たないために国からの金融支援が必要なケースや将来的に国家競争力を持つことが見込まれる有望分野で初期費用がネックとなっているケースなど、特別な条件下でのみ有効であるというのが大方の経済学者の見解であろう。むしろ、保護主義的措置が長期にわたる場合には、国内企業の生産性向上のインセンティブが損なわれ、結果的に競争力は向上せず、国内産業の育成が阻害されることが懸念される。それは、二〇世紀後半の途上国における工業化挫折の歴史が証明しているように思われる。

保護主義的措置の長期化によってかえって国内産業の競争力強化が阻害されるならば、アルジェリアが幼稚産業保護論をとるにしても、有望産業を選び、できるだけ短期の保護期間で行わなければならないことになる。すなわち、現在のように全方位的で期間を定めない保護主義的措置は、むしろ国内産業の生産性向上のインセンティブを阻害し、国際競争力を失わせて、アルジェリア経済がますます炭化水素収入に依存していく危険性があるのである。

さらに、保護主義的措置のもとで国内産業が競争力を向上できなければ、結果として経済自由化は先送りになり、ますます保護主義が続くという悪循環に陥る危険がある。そうならないためには、政府は早い時期に再び経済自由化に舵をとらなければならないが、そこにはさきほどの腐敗構造による既得権保護の壁が立ちはだかるのである。

すなわち、アルジェリアの新たな開発戦略である保護主義的措置には、国内産業の競争力低下を招く危険性が内包されており、加えて国内の腐敗構造がその脱却を妨げる要因になりうるのである。

グローバル経済とのあつれき

アルジェリアの政策転換はグローバル経済とのあつれきも生んでいる。とくに、EU諸国は二〇一七年までの関税自由化を目指した連合協定をアルジェリア政府とのあいだで締結しており、突然の政策変更に強く反発した。

二〇〇九年六月、欧州委員会はアルジェリア政府に対して保護主義的な経済政策が連合協定への違反にあたるとして、アシュトン通商担当委員からアルジェリアのジャブーブ商務大臣宛てに抗議の書簡を送る。とくに、外国投資の比率制限(四九%以下)や利益の国外送金規制、プロジェクト資金の国内調達義務などが内国民待遇条項やスタンドスティル条項（自由化措置後退の禁止）、資金自由移動条項、投資環境改善条項など連合協定で定めた諸条項に抵触すると指摘した(34)。

これに対し、ジャブーブ大臣は、「アルジェリアは主権を行使して自らの決定を行い、いかなるものもアルジェリアに命ずる権利を持たない。決定は厳格に尊重され適用される。巨大市場を持つアルジェリアは自らの利益を守る政策をとらなければならない」と述べ、ＥＵからの批判に反発した(35)。

さらに、アルジェリアの経済界からは市場開放を謳ったＥＵとの連合協定は国内経済に役立っていないとして同協定の改正を求める声が上がった。この背景にはアルジェリアとＥＵの貿易不均衡がある。二〇〇八年の非炭化水素分野におけるＥＵからの輸入額は二〇八億ドルなのに対し、ＥＵ向け輸出額は一〇億ドルに過ぎず、非炭化水素分野に関する限り、「アルジェリアはＥＵに一ドル輸出する一方で二〇ドル輸入している」（ザーフ商務省貿易局長発言）というのは事実だからである(36)。ＥＵとの自由貿易の推進は、輸入を増やすばかりで国内産業の育成には役立たず、むしろ産業育成を阻害しているというのが国内経済界からの批判であった。

保護主義的政策によって国内産業の育成が阻害される危険があることは指摘したとおりであるが、他方で、市場開放と民営化を進めて経済自由化政策をとってきたものの国内産業の育成にはつながらなかったという現実があるのも事実である。そうである以上、アルジェリアと向き合う世界経済の側も、単純に「グローバル化の利益論」を振りかざしてアルジェリアに経済自由化を迫るだけではなく、相互利益的なウィンウィンの関係が構築できるような新たな経済戦略が求められるのではないだろうか。

経済開発と平和

これまでみてきたようにアルジェリア経済は炭化水素資源収入に依存し、同収入による利益分配型経済という弱点を抱えている。政府は保護主義的政策をとって国内産業育成を目指しているが、そのことがかえって国内産業の競争力の低下を招く危険があり、国内の腐敗体制がその悪循環に拍車をかけている。

一方、アルジェリアの社会状況に鑑みれば、若年層を中心とする失業問題は深刻で、生活必需品を含めた物価高騰に伴って国民の生活は困窮し、社会的不満はいっそう高まっている。前章で、「現在の状況は（暴動が起きた）一九八八年の状況と変わらない」というアルジェリア人ジャーナリストの指摘に言及したが、一九九〇年代のトラウマでかろうじて暴発は免れているものの、現在のアルジェリアの状況は見かけ上のマクロ経済の好調さとは裏腹に危機的であり、将来展望が開けていないのが現実である。国民が武装集団の側を支持するとは思えないが、現状から考えると、社会的不満がいつまた暴発し、どのような事態を招くのか、予断を許さない状況である。

グローバル化は経済のみに関するものではない。九・一一事件やアルジェリア人質事件を持ち出すまでもなく、世界のどこかの国の不安定化によるリスクはグローバルに拡散する。相互利益的なウィンウィンの経済関係が求められると書いたのは、単に途上国を扶助するという理由からだけではなく、間接的にわれわれの安全にとっても必要だからである。すなわち、アルジェリアの経済開発はわれわれの安全に関連していると考えるべきではないだろうか。

相互利益的な経済関係として、アルジェリアにおける日揮の経験が良い例であるように思われる。プラント大手の日揮は、アルジェリアが独立した一九六〇年代からプラント施設の建設に関わり、同国の開発に携わってきた。同社には、アルジェリアで長年にわたって親密な人間関係を築き、同国に精通するエキスパートが何人もいる。近年は、現地法人を立ち上げ、アルジェリア人技術者の養成にも取り組むなど、アルジェリア政府から大きな評価を受けてきた。アルジェリアでは「ＪＧＣ（日揮）」の名前は日本において以上によく知られている。その意味からも、同社の関係者が犠牲になった今回の事件は、日本にとってはもちろんだが、アルジェリアにとっても痛恨の事件であった。

アルジェ市中心部（2011 年 12 月 筆者撮影）

テロリズムに抵抗するには、まずなによりもテロリズムを生むような社会的状況をなくしていくことが大切であろう。とりわけ、日本に対して求められているのは、貧困削減、技術協力、産業育成などの民生分野での貢献である。それは日揮がアルジェリアでこれまで着実に積み重ねてきた活動でもある。こうした活動をひたむきに支援することが、一歩ずつでも世界からテロリズムを追放し、ひるがえって日本の安全と繁栄に役立つのではないだろうか。アルジェリア経済の展望が決して楽観視できない以上、経済的な側面に目を向けずにテロリズム問題の解決をはかることはできないというのが、これまでのアルジェリアの歩みをふまえての筆者の考えである。

第三部では、アルジェリア人質事件とはいったん離れ、テロリズムの問題を一般的観点から考えていく。テロリズムとは何か、テロリズムを防ぐにはどうしたらよいのか、テロリズムの問題そのものに向き合った上で、再びアルジェリア人質事件について考えよう。

【注】

(1) アルジェリアの経済政策の変遷については、以下を参照した。福田邦夫〔二〇〇六〕『独立後第三世界の政治・経済過程の変容：アルジェリアの事例研究』西田書店。日本貿易振興会〔一九八二〕『アルジェリア（ジェトロ貿易市場シリーズ）』。
(2) 福田前掲書、九〇～九二頁。
(3) 同書、七七～八二頁。
(4) 同書、一二一～一一八頁。
(5) 同書、一四八～一五五頁。
(6) 同書、一一九～一二四頁。
(7) 同書、一一九頁。
(8) 同書、一一九頁。

（9）BP [2014] *Historical data workbook.* (http://www.bp.com/content/dam/bp/excel/Energy-Economics/statistical-review-2014/BP-Statistical_Review_of_world_energy_2014_workbook.xlsx)
（10）ＩＭＦ資料："World Economic Outlook Database", IMF.
（11）アルジェリア統計局資料："Demographie Algérienne 2013", ONS.
（12）ＩＭＦ前掲資料。
（13）吉田敦［二〇〇三］「アルジェリアの民営化と経済機構の再編過程」『商学研究論集』（明治大学）、第一九号。
（14）オラン紙記事：*Le Quotidien d'Oran,* 07/10/2008.
（15）アルジェリア中央銀行資料："Rapport: Evolution Economique et Monétaire en Algérie", Banque d'Algérie.
（16）ＵＮＣＴＡＤ統計："World Investment Report", UNCTAD.
（17）経済振興計画の正式名称は、第一次計画が「経済振興特別計画（Programme Spécial de Rélance Economique）」、第二次計画が「成長支援補完計画（Programme Complémentaire pour le Soutien à la Croissance）」。
（18）ブーテフリカ政権下の経済政策については、次を参照。桃井治郎［二〇一一］「アルジェリアの開発戦略と地中海圏のエネルギー問題」『アリーナ』（中部大学）、第一一号。
（19）ＢＰ前掲資料。
（20）アルジェリア中央銀行前掲資料。
（21）同資料。
（22）エル・ワタン紙記事：*El Watan,* 27/07/2008.
（23）エル・ムジャヒド紙記事：*El Moudjahid,* 01/09/2008.
（24）桃井前掲論文。
（25）アルジェリア中央銀行前掲資料。
（26）同資料。

（27）同資料。
（28）アルジェリア統計局資料："Activité, Emploi & Chômage au 4ème trimestre 2013", ONS.
（29）同資料。
（30）アルジェリア中央銀行前掲資料。
（31）同資料。
（32）エル・ムジャヒド紙記事：*El Moudjahid*, 19•20/12/2008.
（33）世界銀行資料："Doing Business 2014", World Bank.（http://www.doingbusiness.org/reports/global-reports/doing-business-2014）
（34）オラン紙記事：*Le Quotidien d'Oran*, 27/06/2009.
（35）エル・ムジャヒド紙記事：*El Moudjahid*, 28/06/2009.
（36）ル・マグレブ紙記事：*Le Maghreb*, 01/06/2009.

III

テロリズムを考える

第五章――――テロリズムと暴力論

ここまで、アルジェリア人質事件の展開と背景についてみてきたが、第三部では、事件そのものからはいったん離れ、一般的観点からテロリズムの問題を考えていきたい。まずは、テロリズムの歴史を確認していこう。

テロリズムの歴史

テロリズムという用語は、一八世紀末のフランス革命時の恐怖政治（La Terreur）に由来する〔1〕。一七八九年七月のバスティーユ襲撃に始まるフランス革命は、絶対王政の打倒に留まらず、急進派のジャコバン派が権力を握ると、反対者たちを次々と粛清する恐怖政治が始まる。ジャコバン派指導者のロベスピエールは、旧体制の王党派ばかりでなく、対立する穏健派のジロンド派指導者やジャコバン派内の政敵までをも粛清していくのである。ロベスピエールは次のように述べている。

われわれの目指す目標は何か。自由と平等を平和のうちに享受することである。〔…〕しかし、わが国に民主政を創建し強化するため、合憲的な諸法律の平穏な支配に到達するためには、圧政にたいする自由の戦いを終結させ、革命の嵐をくぐり抜けて勝利しなければならない。〔…〕平時における人民政府の活力が徳であるとすれば、革命時における人民政府の活力は徳と恐怖の双方である。徳なくしては恐怖は有害であり、恐怖なくしては徳は無力である。〔…〕諸君が恐怖によって自由の敵どもを制圧するのは、共和国の創建者として正当である。革命政府は、暴政にたいする自由の専制主義である(2)。

しかし、際限のない粛清を繰り返すロベスピエールの恐怖政治は、最終的にはジャコバン派内で疑心暗鬼を招き、「テルミドール反動」と呼ばれるクーデターによってロベスピエール自身が逮捕・処刑されて終息する。なお、一連の過程で、革命裁判所で死刑判決を受け、ギロチンの刑に処された人はフランス全土で数万人にも達したという。このように、絶対的な正義を掲げて異なる立場を認めず、敵対者を次々と粛清していく暴力的な恐怖政治こそがテロリズムという用語の起源だったのである。

一九世紀に入ると、テロリズムという用語は、国家権力による恐怖政治というよりも、既存の国家権力の打倒を目指す武装闘争という意味で使われるようになる。この時代のテロリズムとして有名なのが、ロシアのナロードニキ運動の末に起こったロシア皇帝アレクサンドル二世の暗殺事件である。

ナロードニキ運動は、もともとは一九世紀後半のロシアにおいて農村部の小作農を導いて社会主義革命を目指す知識人層による社会運動であったが、当局による激しい弾圧によって一部のグループが過激化し、直接的な行動によって帝政の打倒を目指すようになった。一八八一年三月、ナロードニキ運動から派生したグループのメンバーは、サンクトペテルブルク市内を移動中のロシア皇帝アレクサンドル二世に爆弾を投じ、暗殺を実行する。事件後、ナロードニキ運動は大半のメンバーが逮捕・処刑されるなど当局から徹底的な弾圧を受けて衰退するが、皇帝暗殺事件の衝撃はヨーロッパ各国に大きな影響を与えた。そして、こうした直接的な暴力行為によって体制の変革を目指す行動がテロリズムと呼ばれるようになるのである。

さらに二〇世紀に入り、各地で民族主義運動が活発になると、闘争手段としてのテロリズムは拡大していく。一九一四年、第一次世界大戦のきっかけとなったボスニア・サラエボでのオーストリア皇太子夫妻暗殺事件はその代表例である。同事件は、オーストリア帝国からの分離と南スラブ連邦の樹立を掲げる「青年セルビア」という民族主義運動のメンバーによる犯行であった。

こうした状況は第二次世界大戦後にも続いたが、さらに二〇世紀後半には、テロリズムが国家の枠組みを越え、国際的な広がりをみせるようになる。政治・経済・文化のグローバル化に伴い、反体制運動の政治目標が一国家内の体制打倒に留まらず、既存の世界秩序（国際政治経済体制）の打倒を目指すようになり、その結果、テロリズムは国境を越え、グローバル化していくのである。二〇〇一年九月のアメリカ同時多発テロ事件はグローバル・テロリズムの代表的事件であろう。

すなわち、歴史的観点に立てば、テロリズムとは、第一は国家権力による恐怖政治であり、第二は国家権力の打倒を目指す反体制運動による武装闘争であり、第三は世界秩序の変革を目指すグローバルな反体制運動による武装闘争である(3)。

テロリズムの定義

それでは、現代において具体的にテロリズムとはどのように理解され、定義づけられているのだろうか。もちろん、個々のテロリズムの活動や背景が多様である以上、テロリズムに関する厳密な定義は不可能であるのかもしれない。たとえば、日本では二〇一三年一二月に成立した秘密保護法において、「政治上その他の主義主張に基づき、国家若しくは他人にこれを強要し、又は社会に不安若しくは恐怖を与える目的で人を殺傷し、又は重要な施設その他の物を破壊するための活動」(一二条二項一号)をテロリズムと解釈したが、その定義のあいまいさが国会でも論点になった。

テロリズム研究者のブルース・ホフマンは、テロリズムの法制上の一般的定義は存在しないと指摘した上で、「テロリズムは、政治的な変化を求めて、暴力を使い、または暴力を使うとおどして恐怖を引きおこし、それを利用すること」と記している(4)。すなわち、テロリズムとは政治的な変化を実現するために暴力や恐怖を用いることとされているのである。なお、ホフマンは、同じ暴力行為でも一般的な犯罪とテロリズムとを区別し、一般犯罪の目的が個人的動機に基づくのに対し、テロリズムの目的は「システムを変えること」にあると指摘する。

秘密保護法やホフマンの定義にも示されているが、一般的に現代におけるテロリズムとは、第一の形態の恐怖政治ではなく、第二・第三の形態のテロリズムとして理解されていると言えよう。すなわち、現代においてテロリズムとは、既存の体制としての法の支配あるいは法治国家を脅かす非合法な暴力行為を指し示すというのが一般的理解であろう。この立場によれば、暴力を伴う非合法な反体制運動はすべてテロリズムということになる。

一方、現代において、反体制運動の側が自らの行為をテロリズムと称することはほとんどない(5)。アルジェリア人質事件の場合でも、武装勢力は自らの行為を「聖戦」であるとし、その正当性を主張したことは、第二章でみたとおりである。いまや、テロリズムという用語は、その行為の非合法性や非正当性を示す蔑称になったと言える。すなわち、ある行為を「テロリズム」と呼ぶか呼ばないかはそれ自体が政治的立場を示す政治的行為となったのであり、「テロリズム」という語は政治性を帯びた用語になったのである。

アルジェリア人質事件をめぐる日本の報道では、「テロ事件」あるいは「テロ集団」という表記は避けられ、「人質事件」あるいは「武装集団」という表現が使われた。これは、客観報道を標榜する報道機関として、政治性を帯びた「テロ」という語の使用を避けた結果であると考えられる。「テロ」というレッテルを貼ることで、「テロ対策」のためのすべての行為が無条件で正当化され、市民の自由が奪われてしまう危険性があり、とりわけ、かつて「対テロ戦争」という言葉が安易に使われたことへの反省であろう(6)。

パルチザンの理論

テロリズムという用語が現代では政治的意味合いを強く帯びるようになる一方で、テロリズムの存在自体はきわめて重要な政治課題となった。現代世界で平和について考える際には、国家間戦争の脅威と同じか、それ以上にテロリズムの脅威が深刻になっているように思える。それでは、従来の国家間戦争とは異なるテロリズムの特徴とはどのようなものなのか。ドイツの政治思想家カール・シュミットの議論を引用しながら、テロリズムの現代的意味を考えていこう。

シュミットは、『政治的なものの概念』（一九二七年）において、いわゆる「友敵理論」と呼ばれる議論を展開している。シュミットによれば、政治的なものは、道徳的なものや美的なもの、経済的なものとは異なる価値基準があるという。すなわち、道徳的なものの領域では「善・悪」が究極的な区別となり、美的なものの領域では「美・醜」が究極的な区別となり、経済的なものの領域では「利・害」が究極的な区別となるように、政治的なものの領域においては、道徳的・美的・経済的な領域からは独立して、「友・敵」が究極的な区別となるという。シュミットは次のように書いている。

道徳的に悪であり、審美的に醜悪であり、経済的に害であるものが、だからといって敵である必要はない。道徳的に善であり、審美的に美であり、経済的に益であるものが、それだけで、特殊な語義における友、つまり政治的な意味での友とはならないのである。友・敵といったような特殊な対立を、他の諸区別から分離し、独立的なものとしてとらえることができるという、この可能性のなかにすでに、政治的なものの存在としての事実性、独立性があらわれているのである(7)。

シュミットによれば、独立的に存在する政治的なものの領域によって「友・敵」の区別がなされる以上、究極的な敵対関係としての戦争は常に発生しうる可能性があるという。なお、一般に政治的なものの決定、すなわち「友・敵」の決定は国家を単位としてなされるが、国家内部での党派対立がシュミットのいう意味での政治的対立となって武装闘争に至る場合には内戦となる。

シュミットは、『パルチザンの理論』(一九六三年)において友敵理論を発展させ、パルチザンと呼ばれる非国家主体による闘い、すなわち非正規戦に注目しながら議論を展開していく。

戦争は依然として枠づけられており、パルチザンはこの枠づけの外にいる。その際、パルチザンは敵から法も赦免も期待しない。彼は、抑制され枠づけられた戦争という在来的な敵対関係から転じ、別種の、つまり現実的な敵対関係の領域へとおもむいたのである。その現実的な敵対関係は、テロと逆テロによる相互の絶滅にまで、たがいにエスカレートするのである(8)。

ここでシュミットが「枠づけ」と言っているのは、旧来の国家間戦争の枠組みである。この枠組みにおいては、自国と敵国とは敵対関係にありながらもお互いに主権国家として対等であり、正規軍によって遂行される両国のあいだの戦争はヨーロッパ公法における戦争法が適用される。シュミットは、こうした「枠づけ」られた敵対関係を「在来的な敵対関係」と呼んでいる。

一方、「現実的な敵対関係」と呼ばれるパルチザンはこうした枠づけの外に存在する。パルチザンとの闘いではヨーロッパ公法に規定される戦争法は適用されない。パルチザンは非正規の闘争員であり、パルチザンとの闘いは非正規な戦争だからである。そして、「枠づけ」の外にあるパルチザンとの闘いでは、反体制の側のテロと体制の側の反テロという構図のなかで最終的には相互の絶滅戦に至るという。

初期のパルチザンの事例としてシュミットがあげているのが、ナポレオン軍に対するプロイセンの闘いである。一八一三年、プロイセン王は勅令を発し、すべての国民に対してあらゆる種類の武器を用いてナポレオン軍に抵抗し、敵の一切の命令に従わず、利用できるすべての手段を用いて敵に損害を与えることが義務であると表明した。このプロイセン王の勅令は、ヨーロッパ公法に基づいた正規の国家間戦争ではなく、パルチザンによる非正規の戦争の表明であったという。シュミットは、この勅令を「パルチザンにとって一種のマグナ・カルタ」であると表現している(9)。

シュミットによれば、パルチザンには四つの特徴が認められる(10)。第一は、正規軍とは異なるという意味での非正規性である。これはすでに説明したとおりである。第二は、その政治的性格にあるという。パルチザン(Partisan)という語は、もともと党派(Partei)から派生した言葉であり、その活動には政治的目標が内包される。すなわち、パルチザンは単に私的利益のために行われる海賊のような行為とは別の政治的目標を帯びているのである。第三は、高度化された遊撃性である。そして、第四は、パルチザンは土地的性格によって基礎づけられていることである。すなわち、その土地に侵入してきた敵を排除するというのがパルチザンの闘いであり、それゆえに一般に防御的性格を持つとされる。この段階ではまだパルチザンの闘争に地理的な制約という一定の歯止めが存在していたのである。

「絶対的な敵」

シュミットは、こうしたパルチザンの制約的な特徴が第一次世界大戦を境として変化したと指摘する。その最大の要因はロシア革命であった。パルチザンの性質変化を誘引した人物としてシュミットが名を挙げるのは、ロシア革命の指導者ウラジミール・レーニンである。

シュミットは、「レーニンはまったく意識的に、パルチザンを民族的内戦および国際的内戦にとって重要な存在であると理解し、共産主義の中枢からの政党指導のための活動的な道具へと変えようと努力した最初の人物であった」と記している(11)。すなわち、レーニンは、革命という非正規の闘いにおいて非正規性を帯びたパルチザンの重要性に気づき、意識的にロシア革命のためにパルチザンを利用した人物ということになる。

この結果、特定の土地に結びつき、目の前の「現実の敵」との闘いに限定されていたパルチザンは、ロシア革命において階級闘争というイデオロギーと結びつくことによって土地から切り離され、絶対的な存在として「絶対的な敵」との闘いを開始するようになったのである。

「絶対的な敵対関係」においては相手を「犯罪的で非人間的で無価値の存在」であるとみなし、その闘いは絶滅を目指したものになる。すなわち、「郷土を防御的土着的に護るというパルチザン」だけでなく、「世界攻撃的革命的に活動するというパルチザン」が誕生したのである。こうした変化についてシュミットは、「(第一次世界大戦は)ヨーロッパ国際法の在来的な国家戦争として始まり、革命的な階級敵対関係の世界内戦でもって終わった」と表現している(12)。

第一次世界大戦後は従来のヨーロッパ公法による秩序が崩れ、「人類社会」を前提とする普遍的な国際秩序が模索されることになった。その結果、今度は「人類社会」をイデオロギーとし、それと敵対する「絶対的な敵」の絶滅を目指した闘いが始まることになる。

さらにシュミットは、第一次世界大戦以後、国際法に枠づけられた正規の国家間戦争に代わってパルチザンの闘いが主流となり、パルチザンは副次的存在から一次的存在に変わったと指摘する。シュミットが同書を発表したのは一九六三年であるが、たしかにその後も「枠づけ」られた国家間戦争よりも、内戦などのパルチザンの闘いが紛争の主流であったように思える。

アルジェリアにおいても、フランスとの独立戦争、九〇年代の「暗黒の一〇年」における内戦状況、二〇〇〇年代の国際化した武装集団と当局との闘いのいずれもが、正規の国家間戦争ではなく、シュミットがいう非正規のパルチザンの闘いの構図であった。

シュミットの議論を踏まえて言えば、現代のテロリズム問題は、単なる敵対関係というだけではなく、非正規で「絶対的な敵対関係」に基づくパルチザンの闘いとして理解する必要があるのではないだろうか。すなわち、現代のテロリズムは、通常の戦争法には規定されない非正規な闘いであると同時に、「絶対的な敵対関係」のなかで特定の土地に限定されずにグローバルな規模で絶滅戦が行われる危険性があると理解するべきであろう。

こうした図式はアルジェリア人質事件においてもあてはまる。同事件においては、アルジェリア当局と武装集団のいずれもが相手を「絶対的な敵」とみなし、人道的な配慮なしに絶滅戦を展開するという構図である。

それでは、現代の闘いが非正規で「絶対的な敵対関係」のなかで展開するとすれば、今後も止むことなく絶滅戦が続くというのが宿命なのだろうか。あるいは、絶滅戦に勝ち抜き、「テロリスト」を根絶することが、唯一の解決法となるのであろうか。

この難問について考えるにあたり、まずはテロリズムに内包される「暴力」の存在に注目し、「暴力」をめぐるいくつかの議論を検討していこう。

ソレルの暴力論

フランスの社会思想家ジョルジュ・ソレルは、一九〇八年に『暴力論』を発表し、「暴力」のなかに肯定的役割を見いだす独特の議論を展開する。ソレルの議論は、その後の二〇世紀の歴史に大きな影響を与えることになった。

同書において、ソレルは、「強制力（Force）」と「暴力（Violence）」の違いを指摘する。「強制力」とは、「少数派によって統合される、ある社会秩序の組織を強制することを目的とする」力であり、「暴力」とは、「この秩序の破壊を目指す」力であるとされる。すなわち、「強制力」とは、ブルジョワジー国家によって強制されてきた既存の社会秩序にほかならず、「暴力」とは、そのブルジョワジー国家における社会秩序を打破するためのプロレタリアートによる社会変革行動ということになる（13）。

ソレルの議論はマルクスの共産主義思想やプルードンのアナーキズム思想に影響を受けつつ、革命的サンディカリズムと呼ばれる労働組合運動を通した革命の達成を目指す立場であった。ソレルにとっては、既存の社会秩序は少数者のブルジョワジーによって構築され、強制されてきたものにほかならず、その支配体制を打ち破るためには多数者のプロレタリアートが力を結集して革命を果たさなければならないのである。そしてこの観点において、「暴力」には肯定的役割が見いだされる。ソレルはそのような暴力を「プロレタリア的暴力」と呼んでいる。

プロレタリア的暴力は、それが見出されるあらゆる闘争の様相を一変させる。というのも、この力はブルジョワジーによって組織された強制力を否認し、その中核をなす国家そのものの廃絶を主張するからである(14)。

そして、このプロレタリア的暴力はブルジョワジーとプロレタリアートの双方に階級意識を強固にさせる効果を持ち、それゆえに革命へと向かう歴史を進展させる役割を果すことになる。

暴力によって、プロレタリアートが階級分裂を再び強固なものとし、ブルジョワジーにその活力をいく分かでも回復させることに成功するなら、すべてが救われることも可能になるだろう。〔…〕プロレタリア暴力は、階級闘争の感情の純粋で単純な表れとして行使されるので、じつに美しく、英雄的なものとして現われる。この暴力は、文明のもっとも重要な利害に奉仕する。それは、おそらく、直接的で物質的な利益を得るために最適な方法ではないだろうが、世界を野蛮から救い出すことができるのだ(15)。

ソレルの生きた時代は、資本主義が進展する一方で強権的な国家体制が維持され、ブルジョワジーとプロレタリアートの対立が激しさを増す時代であった。こうした時代において、ソレルは、ブルジョワジー国家によって強制されてきた既存の社会秩序に潜む暴力性を浮き彫りにするとともに、既存の社会秩序を打破するため、ブルジョワジー国家に対して宥和的な議会主義による改革運動ではなく、労働組合運動という直接行動を通した革命運動を擁護し、正当化したのである。

ただし、注意が必要なのは、ソレルのいう「暴力」とはわれわれが通常イメージするような物理的な暴力ではないという点である。具体的なプロレタリア的暴力の実践としてソレルが主張するのは、労働者によるゼネストである。すなわち、ソレルが肯定する「暴力」とは、通常の意味での暴力というよりも、むしろ直接行動といったほうが適切であるかもしれない。

ソレルは、ゼネストを通して既存の社会秩序を揺るがすとともに、プロレタリアートの階級意識を強固にさせ、社会主義革命の実現を目指すのである。あるいは、社会主義革命という将来的な価値の達成のためにゼネストいう直接行動（プロレタリア的暴力）が積極的に肯定されるのである。

議会主義による改革運動ではなく、既存の社会秩序の変革を目指してゼネストという直接行動を求めるソレルの主張は、当時は非常にセンセーショナルで過激な思想とみなされた。

そして、ソレルの直接行動の提唱は、二〇世紀におけるレーニンやグラムシなどの社会主義革命の指導者やムッソリーニといったファシズムの指導者に大きな影響を与えることになった。ただし、そこではすでに「暴力」の中身は、ソレルが想定していたゼネストということに留まらず、一般的な意味での暴力すなわち物理的な暴力を含めた直接行動の実践として拡大解釈されていくのである。

ファノンとアルジェリア

フランツ・ファノンは一九二五年にカリブ海のフランス領マルティニク島で生まれた。青年期にあたる第二次世界大戦時にはド・ゴールの「自由フランス」軍に志願し、戦後はフランスの大学で医学を学び、精神科医となった。ファノンの名が知られることになったのは、一九五二年に発表した『黒い皮膚、白い仮面』によってである。同書は、「黒い皮膚」をもって生まれながら白人的な価値を志向して「白い仮面」をかぶろうとする黒人の精神状況を分析したものである。ファノン自身の精神的葛藤を同書に見いだすこともできよう。

ただし、ファノンは黒人的なコンプレックスを克服するために、白人的な価値を否定して黒人的な価値を称揚するという態度をむしろ自意識の裏返しであるとして退ける。そうした単純な反応ではなく、ファノンが主張するのは、黒人あるいは白人という自意識を超えたところの普遍的な人間としての精神解放である。

ファノンは言う。「私のとるべき行動を私に指示するのは黒い世界ではない。私の黒い皮膚は特有の価値を蔵しているのではない」、「ニグロは存在しない。白人も同様に存在しない」、「一人一人の人間が、人間の条件に付随している普遍主義を引き受けることを目指すべきである」と(16)。それは、マルティニク島の裕福な家庭に生まれ、精神科医としてエリートの道を歩んだファノン自身が、他方で自らが黒人であることのコンプレックスを直視し、その自省のなかから紡ぎだした思想であった。

ファノンの批判的視点は白人や黒人が持つ歴史意識にも向けられる。ファノンは黒人の受難の歴史に関して、黒人として劣等意識をもつことも白人を糾弾することも拒否する。そうではなく、純粋に人間として非人間的なことを拒絶するのである。

ファノンは言う。「黒人であるこの私は、私の人種がいかなる点で他の人種に優っているか、または劣っているかにかまける権利を持たない。黒人である私は、私の人種の過去に対する罪責感が白人のうちに結晶化することを願う権利を持たない。黒人であるこの私は、旧主人の誇りを踏みにじる方法に頭を悩ます権利を持たない。私は飼い馴らされた私の祖先のために償いを要求する権利も義務も持たない。ニグロの使命はない。白人の重荷はない」、「私は黒人である権利を持たない」と(17)。

フランツ・ファノン（Pacha J. Willka 31/01/2012）

その代わりにファノンが要求する権利は、「他者から人間的行動を要求する権利」であり、「道具に人間を支配させてはならぬこと。人間による人間の、つまり他者による私の奴隷化が永久に止むこと。彼がどこにいようが、人間を発見し人間を求めることがこの私に許されること」である(18)。

ファノンの主張は、黒人解放運動や「ネグリチュード」運動など黒人の自意識を促す社会・文化運動が主流である時代に、ラディカルなまでに普遍的な人間として人間の解放を目指す立場であった。そしてその思想はファノンが精神科医としてアルジェリアの病院に赴任することになったことで、今度はアルジェリアにおける反植民地闘争への関わりというかたちで貫かれることになる。

ファノンがアルジェリアのブリダにある精神病院に職を得て赴任したのは、一九五三年一一月であった。FLNによる武装闘争が始まるのは、翌年の一九五四年一一月である。

普遍的な人間として人間の解放を目指すファノンにとって、赴任して間もないアルジェリアが新天地であったとしても、反植民地闘争に参加することは必然であったのかもしれない。ファノンは一九五六年に病院を去ると、FLNのメンバーの一員としてアルジェリアの解放闘争に参加する。ファノンは、FLNのイデオローグとして論陣を張り、フランス政府からの非難に抗してFLNによる解放闘争の正当性を訴えていく。

それでは、ファノンはFLNによる武装闘争をどのように正当化したのであろうか。暴力をめぐるファノンの議論をみていこう。

ファノンの暴力論

一九六一年、ファノンは『地に呪われたる者』を発表し、そのなかで暴力の問題を論じている。

冒頭でファノンは、「非植民地化とは常に暴力的な現象である」と断言している(19)。「植民地化」が暴力的な現象であるのはもちろんであるが、ここでファノンが主張しているのは、植民地支配からの脱却を目指す「非植民地化」が常に暴力的な現象になるということである。ファノンによれば、非植民地化とは、ある「種」の人間が別の「種」の人間にとって代わられることであり、それは、「過渡期も経ずに、全的な、完全な、絶対的な交替が行なわれる」ことだからである。それではファノンの議論を少し詳しくたどっていこう(20)。

まず、植民地化された世界とは、「分割された世界」、「二つにたちきられた世界」であるという。すなわち、一方の側にコロン(入植者)が、他方の側に原住民がいて、二つの「異なった種が住みついている」のが植民地世界の状況である。そこは「マニ教的善悪二元論」の世界であり、コロンの側が善であるのに対して、原住民の側は悪であるとされる。原住民は数では上回るが、コロンは力を用いて原住民を支配する。この世界では原住民は「閉じ込められ」、解放の思想に目覚めていない。

植民地世界がマニ教的善悪二元論に基づく以上、コロンと原住民のあいだに連合や融和は起こりえない。そのため、コロンによる植民地支配は「無数の銃剣と大砲の力で継続」されるような暴力的なものになる。そしてその結果、原住民による非植民地化は「植民地の状況を全面的に否認せんとする要求」のために、「二人の主役の生命を賭けた決定的な対決」になるのである。もちろん、その手段のなかには暴力も含まれるという。

ファノンは次のように書いている。

落ちぶれはてて飢えた農民こそ、搾取される者であり、ただ暴力のみが何ものかをもたらすことを真っ先に見出す者である。彼には妥協はありえない。調整の可能性はありえない。植民地化か非植民地化か、それを決定するのは単なる力関係だ。搾取された者は、自分を解放するためにあらゆる手段が、そして何よりも力が前提になることに気づく。民族解放戦線（ＦＬＮ）は有名なビラをまき、植民地主義はそののどぶえに短剣をつきつけない限りアルジェリアを手放すことはないと断定したが、このときただ一人のアルジェリア人も、この言葉が激烈すぎるとは考えなかった。このビラはアルジェリア人が心の底で感じていたことを表現したにすぎなかった。植民地主義は考える機械ではなく、理性を賦与された肉体ではない。それはあるがままの状態における暴力であり、ただより以上に大きな暴力によってのみ屈伏させることができるのである（２１）。

こうして力の大きさのみが闘争の帰趨を決めることになり、その結果、「暴力は進み、原住民は敵を識別し、自分のいっさいの不幸にひとつの名を与え、憎悪と怒りにかり立てられたすべての力をこの新しい道のなかに投入する」のである。

すなわち、コロンのマニ教的善悪二元論（「原住民＝絶対悪」）が原住民の善悪二元論（「コロン＝絶対悪」）を生み出し、その結果、両者のあいだには融和の可能性は見つからず、力の大きさのみがその闘争の帰結を決めることになる。武装闘争の存在とは「人民が暴力的手段にしか信頼を寄せまいと心に決めたこと」を示しているという。

ファノンの議論は、植民地主義が善悪二元論に基づく以上、コロンと原住民のあいだの融和の可能性は失われ、その結果、非植民地主義もその裏返しの善悪二元論に至り、単に力の対決としての武装闘争のみが意味を持つというものである。これはまさしくシュミットの「絶対的な敵対関係」の構図である。すなわち、コロンと原住民の闘いは、「絶対的な敵対関係」として非正規な絶滅戦に陥るのである。

ただし、非植民地主義が武装闘争となり、「絶対的な敵対関係」として非正規な絶滅戦に至るという図式は、ファノンが望む戦略というよりも現状分析を表わしたものであったと思われる。

一方、ファノンの『地に呪われたる者』に序文を寄せるジャン＝ポール・サルトルは、暴力により積極的な意義を見いだしている(22)。サルトルは、「抑制できない暴力は訳も分からぬ熱情の狂奔ではないし、野蛮の本能の復活でもなく、怨みの結果でさえもない。それは自らを再び人間として作りあげつつあるものの姿なのである。…暴力だけが暴力の痕跡を消滅させうる」とし、さらに、「一人のヨーロッパ人をほうむることは一石二鳥であり、圧迫者と被圧迫者とを同時に抹殺することであるからだ。こうして一人の人間が死に、自由な一人の人間が生まれることになる」と言い切るのである(23)。

ファノンも人びとは暴力的闘争のなかで非人間的な植民地主義への問題意識を高め、解放の思想に目覚めると指摘しているが、サルトルはより積極的に物理的暴力の行使こそが「自由な人間」すなわち反植民地主義者を生むと断言するのである。たしかにファノンの議論からサルトルの主張を導き出すことはできるが、そこにはやはり見解の相違というか議論の飛躍があるように思える。物理的暴力の行使によって生まれる意識は、必ずしも普遍的な人間としての人間解放の思想とは限らず、単に「コロン＝絶対悪」というマニ教的善悪二元論を深化させるだけかもしれないからである。

ファノンは、一九六〇年四月にガーナの首都アクラで開かれた第一回全アフリカ人民会議にＦＬＮ代表として出席し、「なぜわれわれは暴力を行使するか」というタイトルで演説を行っている。そのなかでファノンは、次のように言う。

アルジェリア人民の暴力は、平和への憎悪でも、人間的接触の否認でもなく、戦争だけが植民地体制を終わらせるのだという確信でもありません。アルジェリア人民は、自分に残されているただ一つの解決を選んだのであり、この選択の中にわれわれは踏みとどまり続けるでありましょう（２４）。

ここにみられるファノンの主張は、暴力に意義を見いだして積極的に暴力を推奨するという立場ではなく、植民地支配という体制のなかで唯一残された対抗手段として暴力を選択せざるをえないという消極的立場の表明である。それは、武装闘争が始まっていた時代にアルジェリアに生きたファノンが取らざるをえなかった悲壮な決意であったようにも思える。

ファノンはこの演説から一年半後の一九六一年一二月、白血病の進行により息を引き取った。アルジェリアが独立を勝ち取る前年のことであった。

【注】

(1) ブルース・ホフマン［一九九九］『テロリズム』上野元美訳、原書房、一七頁。
(2)「ロベスピエール　政治道徳の諸原理について（一七九四年二月五日）」、河野健二編『資料：フランス革命』岩波書店、一九八九年。
(3) アルジェリアの場合は、第三章で見たとおり、独立戦争時に植民地当局による恐怖政治という第一の形態のテロリズム、そしてFLNによる武装闘争という第二の形態のテロリズムが現れ、さらに近年はアル・カイーダと連携した武装勢力による第三の形態のテロリズムが現れたと見ることができる。
(4) 同書、五五頁。
(5) 同書、三五頁。
(6) アルジェリア国内の報道では、政府系紙・独立系紙ともに実行犯を「テロリスト」、事件を「テロリズム」と表記している。事件に対するアルジェリア国内の反応については第三章で示したとおりであるが、こうした事件の呼称にもひとつの政治性が内包されていると考えることができる。
(7) カール・シュミット［一九七〇］『政治的なものの概念』田中浩・原田武雄訳、未來社、一七頁。
(8) カール・シュミット［一九九五］『パルチザンの理論：政治的なものの概念についての中間所見』新田邦夫訳、筑摩書房、一二九頁。
(9) 同書、九五頁。

（10）同書、三五〜五一頁。
（11）同書、一〇七頁。
（12）同書、一九五〜一九六頁。
（13）ジョルジュ・ソレル［二〇〇七］『暴力論（下）』今村仁司・塚原史訳、岩波書店、五三〜五四頁。
（14）ジョルジュ・ソレル［二〇〇七］「ダニエル・アレヴィへの手紙」『暴力論（上）』今村仁司・塚原史訳、岩波書店、四三頁。
（15）同書、一六二〜一六三頁。
（16）フランツ・ファノン［一九九八］『黒い皮膚・白い仮面』海老坂武・加藤晴久訳、みすず書房、三三、二四五、二四九頁。
（17）同書、二四六〜二四七頁。
（18）同書、二四九頁。
（19）フランツ・ファノン［一九九六］『地に呪われたる者』鈴木道彦・浦野依子訳、みすず書房、三五頁。
（20）同書、第一章、三五〜一〇三頁。
（21）同書、六一〜六二頁。
（22）ハンナ・アーレントの指摘を参照。ハンナ・アーレント［二〇〇〇］『暴力について：共和国の危機』山田正行訳、みすず書房、一〇六頁。
（23）ジャン＝ポール・サルトル「序」、ファノン『地に呪われたる者』二二頁。
（24）フランツ・ファノン［二〇〇八］『革命の社会学』宮ケ谷徳三・花輪莞爾・海老坂武訳、みすず書房、一五七頁。

第六章——現代テロリズムの諸相

冷戦後の世界

前章では、テロリズムの歴史やシュミットのパルチザン論、二〇世紀における暴力論としてソレルやファノンらの議論をみてきた。本章では、現代世界で深刻化するグローバル・テロリズムの問題に着目し、その背景を探りながらテロリズムの問題を考えていく。

まずは、二〇世紀末の冷戦後の世界状況から確認していこう。

第二次大戦後四〇年以上にわたって続いた東西冷戦は、ソ連の経済状況の悪化や東ヨーロッパ諸国の民主化によって二〇世紀末に終結した。一九八九年の「ベルリンの壁」崩壊は、まさに東側陣営の崩壊を表わす象徴的な出来事であった。

アメリカを中心とする西側陣営では、共産主義に対する自由主義の勝利として一種の戦勝ムードが漂った。その内容の難解さにもかかわらず世界的なベストセラーとなったフランシス・フクヤマの『歴史の終わり』（一九九二年）(1)は、そうした時代の空気を反映したものであった。

フクヤマのいう「歴史の終わり」とは、人間社会が滅びて歴史が終わるということではなく、リベラルな民主主義が絶対王政やファシズムや共産主義を打ち破り、人間社会があるべき最後の段階にたどり着いたという意味での「歴史の終わり」である。フクヤマは、「人類のイデオロギー上の進歩の終焉」、あるいは「人類の統治の最終の形」と表現している。

フクヤマの議論に従えば、二〇世紀末にリベラルな民主主義が最終的な勝利を収めたことで人類にとってイデオロギー上の対立は終わり、この後はリベラルな民主主義の世界的な浸透だけが問われることになる。

フクヤマは同書のなかでイスラーム主義にも触れているが、イスラームはその文化圏以外の地域では実質的な影響力を持ち合わせていないとし、また、イスラーム文化に属している地域でも理念水準ではリベラルな民主主義に太刀打ちできず、むしろ長い目でみれば、「イスラム世界のほうが自由主義の理念に膝を屈しつつある」と記している(2)。

フクヤマの個々の分析の妥当性は措くとして、そこにはまさに冷戦後の楽観的な世界認識が反映されている。自由主義・民主主義を標榜する西側陣営の勝利で、世界にはようやく平和的な秩序が確立されるという希望的な観測が高まったのである。

なお、一九九一年の湾岸戦争では、クウェートに侵攻したイラク軍に対して、国連決議に基づくアメリカを中心とした多国籍軍が圧倒的な勝利を収め、世界的規模での自由主義・民主主義の勝利という図式が進んでいるという印象が強まった。

国際政治学の分野では、グローバル・ガバナンス論など国際レジームに関する研究が盛んになり、「破綻国家」に対する人道的介入の議論が本格化する。実際に国連平和維持活動という形で実行されていくのもこの時期であった。

しかし、そのほころびはすぐに現れる。一九九二年、内戦に陥り、人道的被害が拡大していたソマリアに対し、国連は停戦監視や緊急援助のために国連ソマリア活動（UNOSOM）を設立したが、アメリカを中心とする派遣軍はソマリア民兵からの攻撃にさらされ、一九九四年にはアメリカ軍が、一九九五年には全部隊がソマリアから撤退する事態に至るのである。

ソマリアでの介入の失敗は、リベラルな民主主義の世界的勝利という楽観的な世界認識に大きな影を落とした。

アメリカ同時多発テロ事件

一方、アメリカを攻撃対象としたイスラーム過激派集団によるテロ事件は一九九〇年代から頻発していた。

一九九三年にはニューヨークの世界貿易センタービル地下駐車場で、九八年にはケニアおよびタンザニアのアメリカ大使館で爆弾事件が発生している。湾岸戦争の後、イスラームの聖地があるサウジアラビアにアメリカ軍が駐留したことへの反発もあり、オサマ・ビンラディン率いるアル・カイーダはアメリカに対する攻撃を活発化していた。

そして二〇〇一年九月一一日、アメリカで四機の旅客機がハイジャックされ、ニューヨークの世界貿易センタービルやワシントンのアメリカ国防総省庁舎に突入する事件が発生する。アメリカ同時多発テロ事件である。世界貿易センタービルは崩壊し、犠牲者は三〇〇〇人以上に及んだ。

アメリカ政府は非常事態を宣言するとともに、事件をアル・カイーダによる犯行と断定し、ビンラディンが潜伏するアフガニスタンのタリバーン政権に身柄の引き渡しを要求した。

炎上する世界貿易センタービル（2001年9月11日 写真提供：AFP＝時事）

同年一〇月七日、要求に応じないタリバーン政権に対し、英米軍がアフガニスタンへの空爆を開始する。イギリス軍の参戦は、ＮＡＴＯの集団的自衛権に基づく対応であった。アメリカ同時多発テロ事件はアメリカに対する戦争行為と認識され、ＮＡＴＯの集団的自衛権が発動されたのである。こうして「対テロ戦争」が始まっていく。

この時期に「歴史の終わり」論に代わって大きな注目を集めたのが、サミュエル・ハンチントンの「文明の衝突」論であった。ハンチントンは、一九九三年に『フォーリン・アフェアーズ』誌に「文明の衝突？」

という論文を発表し、一九九六年には同論文を発展させた著書『文明の衝突』(3)を出版していた。

ハンチントンによれば、世界はフクヤマが言うようにリベラルな民主主義の世界的勝利では終わっておらず、むしろ、世界は西欧文明や中国文明、イスラーム文明、ヒンドゥー文明などさまざまな価値観に基づく文明が併存する状況だという。そして、文明間の対立によって今後も不安定な状況が続くと予測している。

「文明」の定義のあいまいさや極端な単純化に対する批判はあったものの、文明圏を単位とする対立構造という世界認識は一連のテロ事件の後には切実な実感を持って受け止められることになった。

イスラーム国際秩序

実は、フクヤマの「歴史の終わり」論やハンチントンの「文明の衝突」論は、アル・カイーダなどのイスラーム過激派集団の世界認識と対立するどころか、奇妙な符合をみせる。では、過激派集団が論拠とするイスラーム主義的な国際秩序の編成原理とはどのようなものだろうか。それはわれわれの知る現代の国際秩序とはまったく異なる編成原理である。ただし、現代においてイスラーム国際秩序を政治的に現実化させるべきだと考えているのは、イスラーム原理主義あるいはイスラーム復興主義と呼ばれる限られた一部の勢力に過ぎないことは知っておく必要がある。ともあれ、まずはイスラーム国際秩序の編成原理についてみていこう(4)。

近代ヨーロッパでは、中世までのローマ・カトリック教会の普遍的な権威を否定し、各国が不可侵の統治権を主張する主権国家で構成される国際秩序が誕生した。ウェストファリア体制として知られる近代国際秩序である。

一方、イスラーム国際秩序は、世界を「イスラームの家（ダール・アル・イスラーム）」と「戦争の家（ダール・アル・ハルブ）」に二分して把握するという特徴をもっている。「イスラームの家」とは、ムスリムの支配下におかれ、イスラーム法が有効な地域であり、「戦争の家」とは、それ以外の異教徒が支配する地域を指す。もちろん、ムスリムにとっては、イスラーム法が支配する「イスラームの家」が「戦争の家」に比べて優れており、望ましいことは明らかである。そのため、「イスラームの家」を防衛し、さらに「戦争の家」を「イスラームの家」に変えていくことがムスリムの務めとなる。そうした努力や行動はジハードと呼ばれ、とくに「イスラームの家」が「戦争の家」から攻撃を受けている場合には、すべてのムスリムにとって「イスラームの家」の防衛であるジハードは義務として認識される。

端的に言えば、世界を「イスラームの家」と「戦争の家」に二分して把握し、「イスラームの家」の防衛と拡大をめざすというのがイスラーム国際秩序観の基本構造である。ただし、こうしたイスラーム国際秩序の原理は、イスラーム創生期から時代が進むにつれて変化していく。その一つが、「イスラームの家」内部における分裂である。

イスラーム創生期には、預言者ムハンマドや預言者の代理人であるカリフが「イスラームの家」を指導していた。しかし、ウマイヤ朝の時代にイスラームの地理的拡張が進むと、政治的統一に限界がみられるようになり、八世紀中葉には新興のアッバース朝の成立に反発してイベリア半島で後ウマイヤ朝が興り、一〇世紀初頭には北アフリカのファーティマ朝がアッバース朝カリフに対抗してカリフを名乗るなど、イスラーム世界における内部分裂が進んでいく。以後、「イスラームの家」の内部にはダウラと呼ばれる諸国家が並立し、統一体であった「イスラームの家」は多元的な要素を帯びるようになる。

イスラームの国際秩序観に影響を与えたもう一つの変化は、「戦争の家」への現実的対応である。「イスラームの家」の維持・拡大をめざすムスリムにとって、通常、「イスラームの家」と「戦争の家」の関係は戦争状態にある。ただし、ムスリム側の利益に適えば、契約によって「戦争の家」との戦争状態を中断し、和平（スルフ）を結ぶことも認められていた。この場合の和平は通常一〇年程度の一時的な停戦である。

しかし、イスラーム勢力が地理的拡張に行き止まり、「イスラームの家」と「戦争の家」の事実上の併存状態が生まれてくると、一時的な例外であった和平関係が常態化するようになる。そして、「イスラームの家」と「戦争の家」の契約による和平状態を「和平の家（ダール・アル・スルフ）」あるいは「安全保障（アマーン）の家」という第三のカテゴリーとして認めるイスラーム法学派も現われるようになる。

さらに近代以降には、ヨーロッパで誕生した近代国際秩序体系にイスラーム世界も包摂されていき、主権国家を構成単位とする国際秩序が定着していく。世界各地のムスリムは、精神的な連帯は保持していたものの、政治的には近代国際秩序に基づく各国での統治を受け入れたのである。

しかし、ジハード主義と呼ばれる近年の原理主義的なイスラーム主義者はこの近代国際秩序を認めず、本来のイスラーム国際秩序に基づき、世界を「イスラームの家」と「戦争の家」に二分された対立構造として認識するのである。そのため、後でみるように、「戦争の家」に対する「イスラームの家」の防衛あるいは拡張としてのジハードが正当化されるようになる。

こうした世界認識は「文明の衝突」論と親和性を持っている。「イスラームの家」と「戦争の家」という二元的な世界か、文明圏という多元的な世界かという違いはあるものの、異なる価値観を持つ世界が対立するという構図に共通性がみられるのである。

また、ジハード主義の世界認識を原理的につきつめていけば、「イスラームの家」が善なのに対して「戦争の家」は悪ということになる。すなわち、世界は絶対的な善と絶対的な悪の戦いの構図として認識される点でジハード主義の世界認識は「歴史の終わり」論とも符合する。「歴史の終わり」論はリベラルな民主主義に基づく普遍的文明（絶対善）とそれに未だ反抗する野蛮世界（絶対悪）という基本構図を持ち、ジハード主義と同じく善悪二元論的な世界観を持つからである。

大王と海賊

ここで、テロリズムの議論から逸れるが、国際秩序と正義の問題を考える一つのエピソードを紹介したい。時代は古代ギリシアにさかのぼる。

前四世紀、マケドニア王のアレクサンドロスは、ダレイオス三世のアケメネス朝ペルシアを滅ぼして巨大帝国を建設する。いわゆるアレクサンドロス大王の東方遠征である。

さて、大王は東方遠征の途上、各地で海賊を鎮圧したが、そのときにある海賊とのやりとりが逸話として伝わっている。世界史に名を刻むアレクサンドロス大王と名もない海賊という一風変わった二人のやりとりである。

古代ローマの哲学者キケローが自著のなかで言及し、後にキリスト教神学者の聖アウグスティヌスが『神の国』（四一三〜二六年）のなかで引用しているそのやりとりについて、アウグスティヌスの記述からみてみよう。

ある海賊が捕らえられ、アレクサンドロス大王の前に連れてこられた。大王は海賊に、「なぜ海を荒らすのか」と問うた。すると、海賊は少しも臆することなく、「陛下が全世界を荒らすのと同じです。ただ、私は小さな船でするので盗賊と呼ばれ、陛下は大艦隊でなさるので、皇帝と呼ばれているだけです」と答えたのである(5)。

捕らえられた海賊は、かのアレクサンドロス大王を前に大胆不敵にも自分がやっていることは大王がやっていることと本質的に同じであると言い放ったのである。

アレクサンドロス大王と海賊の逸話は、単なる歴史の一エピソードを超えて、普遍的な政治学のテーマである秩序と正義の問題をわれわれに投げかける。はたして、大王と海賊にはどこに違いがあるのかと。そのため、この短い逸話は時代を超え、様々な人びとを刺激してきたのである。

この逸話を取り上げたキケローは「海賊は人類共通の敵」という表現をしたことでも有名であるが、海賊=悪である理由について、キケローは次のように説明する。

人が他人からものを奪い取り、他人の不利益によって自分の利益を増やすことは自然に反する。〔…〕それはまず第一に人間の共生と社会を破壊するからである。〔…〕われわれの一人一人が他人の利便を横取りして、それぞれ自分のために利得となる分だけ奪い取る、といったようなことをすれば、人類の社会と共同体が転覆してしまうのは必然である。〔…〕たとえば、体の器官の一つ一つが、隣の器官の健康を自分のほうに移せたら自分が健康になれる、という感覚を持ったとしてみよう。肉体全体が弱体化し、滅び去ることは必然である(6)。

キケローは、人間の胃や腸などの器官がそれぞれ互いから健康を奪い合うようなことになれば肉体全体が衰弱してしまうのと同様に、他人から物を奪い取って自らのものとするような海賊行為を許しては人間社会の共生は破壊されてしまうと主張している。優れた弁論家であったキケローらしい説明である。そうであるがゆえに、海賊は「人類共通の敵」となるのである。そして、人類共通の敵である海賊に対しては社会一般に認められるような「信義も誓約も共有すべきではない」と突き放す(7)。

キケローが生きた時代はローマが地中海世界において覇権を打ち立てていく時代であった。海賊は「人類共通の敵」と断言するキケローの主張の背景には、ローマが打ち立てた秩序に対する確信とそれを脅かす海賊への敵意が内包されている。ここではローマの支配（パクス・ロマーナ）は善であり、それを乱す海賊は悪であるという構図が含意されているのである。

一方、後にキケローの議論から刺激を受けつつ独自の国家論を展開した人物が聖アウグスティヌスである。アウグスティヌスは、三五四年に古代ローマ支配下のアルジェリア東部に生まれ、四三〇年にヒッポーヌ（現アルジェリア・アンナバ）で生涯を閉じている。

アウグスティヌスは、著書『神の国』において次のように記している。

> 正義がなくなるとき、王国は大きな盗賊団以外のなにであろうか。盗賊団も小さな王国以外のなにでもないのである。〔…〕盗賊団という禍いは、不逞なやからの参加によっていちじるしく増大して、領土をつくり、住居を定め、諸国を占領し、諸民族を征服するようになるとき、ますます、おおっぴらに王国の名を僭称するのである。そのような名が公然とそれに与えられるのは、その貪欲が抑制されたからではなく、懲罰をまぬがれたからである(8)。

アンナバのアウグスティヌス銅像
（2009 年 7 月　筆者撮影）

ここでアウグスティヌスは、正義ではなく、単に力に基づいた支配を行うのであれば、王国も盗賊団も同様の存在であると指摘するのである。

そしてこの文章の後に続くのが先ほどの「大王と海賊」の逸話である。アウグスティヌスは、アレクサンドロス大王に対する海賊の回答を「適切で真実である」と評している。アウグスティヌスにとっては、そこに正義がなければ、国家も盗賊団も大王も海賊も本質的に同じ存在だったのである。

それではアウグスティヌスが考える正義とは何か。ゲルマン系諸族の侵入によって崩壊寸前の西ローマ帝国末期を生きたアウグスティヌスにとって、キケローの時代のようなローマの秩序に対する信頼はすでに存在しなかった。それどころか、アウグスティヌスにとっては、キケローが信頼を置いたローマの秩序は必ずしも正義ではなかったのである。ローマの秩序に代えてアウグスティヌスが依拠するのは神の真理である。

アウグスティヌスは、著書『神の国』において、自らの権力を誇り、力の支配によって成立する「地の国」と、神の栄光を誇り、キリスト教の真理に基づく「神の国」とを区別している。アウグスティヌスにとっては、単なる力による支配（「地の国」）ではなく、キリスト教の真理に基づく支配（「神の国」）こそが善となるのである。キケローとの対比で言えば、ここにはパクス・ロマーナに基づく古代ローマからキリスト教的価値観に基づく中世への時代精神の変化がみてとれる。

なお、「大王と海賊」の逸話は、現代においても言語学者であり批評家であるノーム・チョムスキーが、アメリカ外交についての評論集『海賊と帝王』(一九八六年)(9)で取り上げている。同書のなかでチョムスキーは、超大国アメリカの外交とテロリズムの関係を大王と海賊の関係になぞらえ、アメリカの覇権的な外交とテロリズムには、暴力性という共通項が存在しており、その意味で両者は同等であると示唆するのである。もちろん、チョムスキーの過激な主張の狙いは、テロリズムの擁護ではなく、超大国アメリカの覇権外交という国際政治に潜む暴力性を可視化する点にあろう。

それでは「大王と海賊」の逸話はわれわれに何を語るのだろうか。それは、国際政治において正義を確定することの難しさであり、時に正義という正当性そのものをめぐって争いが起きる可能性である。さらに、大王と海賊を同等にみなすという観点は、秩序そのものの正当性が揺るがす可能性を示している。それは、前章でみたソレルの「強制力」と「暴力」の議論を想起させる。ブルジョワジー国家によって強制されてきた既存の社会秩序としての「強制力」を破壊するために「暴力」が肯定されるという議論である。

テロリズムの問題を考える際にはこの難点を避けて通ることはできないが、この点について本格的に考える前に、まずは現代のグローバル・テロリズムの展開とその社会的影響についてまとめておこう。

「対テロ戦争」

二〇〇一年九月のアメリカ同時多発テロ事件の後、いわゆる「対テロ戦争」が始まったことは、先ほどみたとおりである。同年一〇月にはアメリカを中心とする多国籍軍がアフガニスタンへの空爆を開始し、翌一一月には首都カブールが陥落してタリバーン政権は崩壊した。同年一二月にはカルザイ議長のもとで暫定政府が誕生している。〇二年一月には、アメリカのブッシュ大統領が一般教書演説において、イラク、イラン、北朝鮮の三カ国に対し、大量破壊兵器を保持し、テロ活動を支援する「悪の枢軸」であると非難した。〇三年三月には、米英軍を中心とする有志連合によるイラクへの軍事作戦が始まり、翌四月にはバグダッドが陥落してフセイン政権は崩壊する。フセインは同年一二月に国内の潜伏先で逮捕され、〇六年に死刑が執行されている。

しかし、こうした軍事介入にもかかわらず、アフガニスタンやイラクでは安定した政権が生まれるどころか、武装勢力が台頭し、爆破事件が頻発するなど、むしろ政情不安や治安の悪化が深刻化していくのである。さらに、「テロ支援国家」とされたタリバーン政権やフセイン政権が崩壊したにもかかわらず、テロの脅威はよりいっそう世界各地に広がりをみせている。

二〇〇二年と〇五年にはインドネシア・バリ島で爆破事件が、〇三年一一月にはトルコ・イスタンブールでの連続爆破事件が、〇四年三月にはスペイン・マドリードでの列車爆破事件が、〇五年七月にはイギリス・ロンドンにおける地下鉄・バス同時爆破事件が、〇七年にはアルジェリア・アルジェ市内における爆破事件が、さらにパキスタン、イエメン、エジプトなどでも爆破事件が頻発し、テロリズムの被害は拡大している。

公安調査庁のまとめによれば、世界各地でテロの発生件数や犠牲者数は年々増加傾向にあり、二〇一三年には六〇七三件のテロ事件が発生し、一万四七七九人が犠牲になったという(10)。

なお、タリバーン政権崩壊のあと、山岳部や周辺国に潜伏していたアル・カイーダのメンバーの殺害・逮捕が相次いだ。二〇一一年五月にはパキスタン北部アボタバードに潜伏していたオサマ・ビンラディンがアメリカ軍特殊部隊の急襲を受けて死亡している。

それでは、「テロ支援国家」を崩壊させ、アル・カイーダを弱体化させたにもかかわらず、なぜテロリズムは広がっているのであろうか。その理由のひとつはテロ事件を引き起こす過激派集団側の戦略が変化したからである。

グローバル・テロリズムの時代

ここでは、現代のジハード主義の展開とグローバル・テロリズムの戦略変化について、東京大学の池内恵准教授の研究を参照しながら確認していこう(11)。

現代のジハード主義者にとって、攻撃対象は二種類存在する。ひとつはムスリムの土地を占領する異教徒の国家という「遠い敵」であり、もうひとつはジハード主義者が実質的に異教徒の傀儡とみなすイスラーム諸国の現体制という「近い敵」である。

一九八〇年代にはソ連のアフガニスタン侵攻によって、ソ連という「遠い敵」がジハードの対象としてクローズアップされたが、ソ連の撤退後は帰国したジハード主義者によってイスラーム諸国の政権が「近い敵」として標的にされていく。なお、アルジェリアにおいてもイスラーム過激派集団による武装闘争が始まるのが、まさにこの時期であった。

さらに、一九九〇年代に入ると、冷戦の終結とイラク戦争後の米軍のサウジアラビア駐留によって、アメリカが「遠い敵」としてジハード主義者の攻撃対象となり、アル・カイーダの攻撃が活発化した。

しかし、その後のアメリカの対テロ戦争によってタリバーン政権が崩壊し、アル・カイーダが弱体化すると、イスラーム過激派集団にとって従来の組織的で大規模な活動が難しくなっていく。その結果、彼らは戦略を変化させるのである。

二〇〇四年にアブー・ムスアブ・アッ＝スーリーが発表した『グローバル・イスラーム抵抗への呼びかけ』は、イスラーム過激派集団の新たな戦略を体系的に示しているという(12)。

スーリーは、対テロ戦争という状況下において、組織を固め、指令系統を明確にするのではなく、むしろジハード戦士たちが分散化し、組織を最小化して、組織間のつながりも極力減らしていく「個別ジハード」を提唱する。これは、組織の末端が摘発されたり壊滅したりしても、組織全体の存続に影響しないようにするためである。

指導部の役割は、テロ計画を策定したり実行したりすることではなく、インターネットなどを通して自らのイデオロギーと正当性を主張する宣伝工作である。そこでは、先ほど説明したように、イスラーム世界と非イスラーム世界という構図で世界は認識され、その戦いである「ジハード」という名目でのテロ行為が呼びかけられる。

その結果、世界各地では「ローン・ウルフ（一匹狼）」型テロと呼ばれる事件が多発するようになる。二〇一三年四月のボストン・マラソン爆弾テロ事件や一四年一二月のシドニー人質立て籠もり事件などである。実行犯はテロ組織と直接つながりを持たず、インターネットなどを通してイスラーム過激派集団の宣伝に共感を覚えた人物であった。また、一五年一月にはパリでシャルリー・エブド紙およびユダヤ系スーパーへの襲撃事件が起き、世界に大きな衝撃を与えた。

なお、スーリーは、「個別ジハード」の提唱とともに、大規模なジハード戦士の結集をめざす「開放された戦線」についても言及する。

「開放された戦線」とは、イスラーム諸国のなかで政権崩壊などによって権力の空白が生まれた地域にジハード戦士が集結し、そこを実効支配して拠点を築くという戦略である。イラクとシリアにまたがる地域に台頭した「イスラーム国（ＩＳ）」は、まさにこの「開放された戦線」の代表例であろう。

また、「開放された戦線」から「個別ジハード」に影響を与える事態も起きている。例えばアルジェリアでは、二〇一四年九月にフランス人観光客の男性が誘拐され、殺害される事件が発生したが、実行犯は「カリフの兵士」を名乗り、「イスラーム国」に忠誠を誓うグループであった。「カリフの兵士」は二〇名程度のグループとみられ、「イスラーム国」の支部というよりも、「イスラーム国」を自発的に支持するグループである。一五年三月に発生したチュニジアのバルドー博物館襲撃事件もその一例であろう(13)。

このように、現在起きている状況はまさにテロリズムの世界的な拡散にほかならない。いまや、過激なジハード主義者たちは分散し、「近い敵」と「遠い敵」の両者に対して同時進行で攻撃を加えているのである。

テロリズムの脅威は、イラクやシリアなどのイスラーム諸国だけに限らず、世界各地で存在している。いたずらに恐怖をあおることは過激派集団の思うつぼになるため自制が必要であるが、テロリズムの世界的拡散は現実の問題であり、少なくともテロリズム問題が二一世紀を生きるわれわれにとって深刻な脅威となっているのは事実である。

テロリズムに脅かされた一九九〇年代以降のアルジェリアを想起すれば、現代は、「世界のアルジェリア化」とも呼びうる状況が広がっているのである。

二つの「アルジェリア化」

二〇〇一年のアメリカ同時多発テロ事件の後に始まった「対テロ戦争」は、アフガニスタンやイラクへの軍事介入だけではなかった。

事件翌月の一〇月二六日、アメリカでは、いわゆる「愛国者法（反テロ法）」(14)が上院および下院の可決を経て成立する。

同法の第一章は「テロリズムに対する国内の安全性の向上」、第二章は「監視手続の改善」、第三章は「国際マネーロンダリングの阻止及びテロリストへの資金供与防止のための二〇〇一年法」、第四章は「国境の保全」、第五章は「テロリズムの捜査に対する障害の除去」、第六章は「テロリズムの被害者、公共保安職員及びその家族に対する支援」、第七章は「重要基盤の防護のための地域的情報共有の増進」、第八章は「テロリズムに対する刑法の強化」、第九章は「諜報活動の改善」、第十章は「雑則」である。

同法はテロ対策に関して幅広い内容を持っている一方、人権やプライバシー保護、あるいは情報公開の観点などから懸念の声があがった。具体的には、令状の発布以前に捜査員が家宅等を捜索できるとする規定（第二一三条）や、テロ捜査の目的であれば裁判所の関与なく金融機関や通信プロバイダーなどに顧客情報の提出を求められるとする規定、また、テロリストの疑いのある者を拘束する権限（第四一二条）などである(15)。

いうなれば、テロリズム対策を目的に政府機関の権限拡大と社会的な監視強化が進められたのである。こうした動きはアメリカ以外にもイギリス、フランスなどでも広がった。

アメリカ同時多発テロ以後の日本では、二〇〇一年一〇月二九日にテロ対策特別措置法が制定され、武力による威嚇や武力の行使を伴わない範囲で、「国際的なテロリズムの防止及び根絶のための国際社会の取組に積極的かつ主体的に寄与する」ために、「対テロ戦争」への協力支援活動や捜索救助活動、被災民救援活動などを行うことが決定された。

さらに最近では、二〇一三年一二月に特定秘密保護法が制定され、テロ活動防止に関する事項も特定秘密として指定されることになった。また、一五年二月二九日には、安倍首相が国会で、アメリカのＣＩＡのような対外情報機関の設立の可能性について、「与党で議論が行われているが、政府としても情報の収集、集約、分析の一層の充実、強化に取り組む中で研究していきたい」と発言するなど、対外情報機関への関心も高まっている(16)。

一九九〇年代にテロ事件が多発したアルジェリアでは、第三章でみたとおり、国内の治安対策がすべてに優先された結果、軍情報部が情報を独占的に管理し、大きな政治的権力を持つようになった。また、最近まで緊急事態令が解除されないなど市民的自由は制限されたままであった。日本やアメリカがただちに一九九〇年代のアルジェリアのような状況になるとは思わないが、全体として政府機関の権限拡大や社会的な監視強化すなわち管理社会化が進んでいるのは事実であろう。

現代はテロリズムの危険が拡散し、「世界のアルジェリア化」が進んでいると先ほど指摘したが、もうひとつの「アルジェリア化」すなわちテロリズムの「恐怖」が国内政治の中心に置かれ、政府による管理社会化が進められると言う意味での「国内のアルジェリア化」も懸念されるのである。

二〇〇一年のアメリカ同時多発テロ事件以後に現れたグローバル・テロリズムの時代とは、この二つの

「アルジェリア化」にほかならない。

ここまで「テロリズム」という用語を、前章のホフマンの定義、すなわち既存の体制を脅かす非合法な暴力行為という意味で用いてきたが、その語源が示すとおり、「テロリズム」にはもうひとつ、恐怖政治という意味があることをあらためて再確認しておきたい。

現代世界におけるグローバル・テロリズムの脅威とは、一方で、既存秩序を脅かす非合法な暴力行為としてのテロリズムの世界的拡散という危険性であり、他方で、「恐怖」を政治の中心に置き、管理社会化を徹底しようとする動き、極端に言えば、国家体制に対するすべての危険の排除を目指す恐怖政治としてのテロリズムの危険性である。現代のグローバル・テロリズムの時代に進行する「二つのアルジェリア化」とも呼べるこうしたテロリズムの危険性について、われわれはいずれも見過ごしてはならないのである(17)。

秩序と正義

本章では「大王と海賊」の逸話を取り上げたが、それは秩序＝正義という観念への問題提起であった。さらに、前章ではソレルの暴力論が(暴力的な)既存体制に対する暴力の正当性という論理に基づいていたこと、同様に、ファノンの暴力論も同じ論理に基づいていたことをみてきた。こうした主張から導き出される帰結のひとつは、単に秩序というだけでは正義は確証されないということであった。

また、グローバル・テロリズムの時代は、冷戦後の国際政治状況のなかでもたらされたものであり、その背景には、ジハード主義が掲げるイスラーム国際秩序に基づく善悪二元論的世界観と「歴史の終わり」論に象徴される文明対野蛮の善悪二元論的世界観があった。そして、現代は、一方でテロリズムの世界的拡散に至り、他方で各国内における管理社会化が進んでいる。言うなれば、「二つのアルジェリア化」である。

すなわち、現代のグローバル・テロリズムの時代とは、秩序の側と反秩序の側がお互いに正義を掲げて争い、「テロ」と「対テロ戦争」という暴力の連鎖に陥っているという構図で理解することができる。それは前章でみたシュミットの『パルチザンの理論』で描かれたような、善悪二元論に基づくグローバルな規模での絶滅戦の展開にほかならない。

それでは、世界規模での絶滅戦の展開というグローバル・テロリズムの状況は、われわれにとって不可避の運命なのであろうか。こうした暴力の連鎖から抜け出す方策はないのだろうか。

次章では、アルジェリアにおけるもうひとつのテロリズムの時代、すなわちアルジェリア独立戦争の時代に生きたアルジェリア生まれの作家アルベール・カミュの思想に注目し、テロリズムに抗するための思想を見いだしていきたい。

【注】

（1）フランシス・フクヤマ［一九九二］『歴史の終わり（上・中・下）』渡部昇一訳、三笠書房。
（2）同上巻、一三七〜一三九頁。
（3）サミュエル・ハンチントン［一九九八］『文明の衝突』鈴木主税訳、集英社。
（4）イスラームの国際秩序観については、以下を参照。Khadduri, Majid [1955] *War and Peace in the Law of Islam*, Baltimore: The Johns Hopkins Press; 鈴木董［一九八九］「イスラム国際体系」、有賀貞ほか編『講座国際政治（第一巻）』東京大学出版会、八一〜一一一頁; 池内恵［二〇一四］「近代ジハード論の系譜学」『国際政治』（日本国際政治学会）、第一七五号、一一五〜一二九頁。
（5）アウグスティヌス［一九八二］『神の国（一）』服部英次郎訳、岩波書店、二七三頁。
（6）キケロー［一九九九］「義務について」『キケロー選集（九）哲学Ⅱ』中務哲郎・高橋宏幸訳、岩波書店。
（7）「海賊」も「テロリスト」もアウトサイダー（法の外部者）としての共通性を持ち、海賊に対してもテロリストに対しても一般法は適用されない。現代のテロリズム問題の暗喩として海賊史に注目する議論については、次を参照。桃井治郎［二〇一五］『「バルバリア海賊」の終焉：ウィーン体制の光と影』風媒社。
（8）アウグスティヌス前掲書、二七三頁。
（9）ノーム・チョムスキー［二〇〇三］『テロの帝国アメリカ：海賊と帝王』海野由香子ほか訳、明石書店。
（10）公安調査庁「二〇〇四年（平成一六年）以降のテロ事件発生件数及び死者数の推移」(http://www.moj.go.jp/psia/ITH/statistics/data1.pdf)。
（11）以下の現代のジハード主義の展開とテロリズムの戦略変化については、次を参照。池内恵［二〇一三］「グローバル・ジハードの変容」『年報政治学』（日本政治学会）、一八九〜二一四頁、および同［二〇一五］『イスラーム国の衝撃』文藝春秋。
（12）池内前掲論文および同前掲書、五五〜五七頁。
（13）チュニジアのバルドー博物館襲撃事件については、民主化との関連で一文を寄稿した。桃井治郎［二〇一五］「チュニジア襲撃と民主主義」(二〇一五年三月三〇日付け東京新聞・中日新聞夕刊)。
(14) 正式名称は次の通り。To deter and punish terrorist acts in the United States and around the world, to enhance law enforcement investigatory tools, and for other purposes, Oct. 26, 2001, Pub. L. No. 107-56, 115 Stat. 272. 同法の邦訳は、平野美恵子ほか [二〇〇二]「米国愛国者法(反テロ法)(上)」、『外国の立法』二一四号、および同 [二〇〇三]「米国愛国者法(反テロ法)(下)」、同二一五号。
(15) 平野ほか前掲論文。
(16) 日本経済新聞記事(二〇一五年二月一九日付け夕刊三面)。
(17) 管理社会が進行した全体主義国家の姿は、二〇世紀中葉にジョージ・オーウェルが小説『一九八四年』(一九四九年)の中で描いている。ジョージ・オーウェル [二〇〇九]『一九八四年(新訳版)』高橋和久訳、早川書房。二〇世紀において、反ユートピアを意味するディストピア作品の登場の意味については、次を参照。桃井治郎 [二〇一三]「未来観の変遷と未来学」(桃井治郎・玉田敦子共編『近代と未来のはざまで:未来観の変遷と二一世紀の課題』風媒社、一一~一〇二頁)。

第七章――テロリズムに抗する思想

カミュとアルジェリア

のちにノーベル文学賞を受賞する作家アルベール・カミュは、一九一三年一一月、アルジェリア北東部モンドヴィ（現ドレアン）近郊の農村で出生する。カミュの父リュシアンはフランスからの移民二世であるが、両親が幼い時に亡くなったため孤児院で育ち、カミュの出生時はモンドヴィ近郊の農場で管理人として働いていた。しかし、翌一九一四年七月、ヨーロッパで第一次世界大戦が始まるとリュシアンのもとにも召集令状が届き、アルジェから船でフランスに、そしてすぐに対ドイツ戦の前線であるフランス北部に送られた。リュシアンは、同年八月末、頭に砲弾を受け、その傷がもとで一〇月に死亡する。

カミュの母カトリーヌは、一歳にも満たないカミュを連れ、アルジェの下町地区に住む母親のもとに身を寄せる。なお、カトリーヌは文字を読むこともできず、また、難聴で口数も少なかったという。こうしてカミュは貧しくつつましい生活のなかで少年時代を過ごす。

カミュに転機が訪れたのは、小学校教師ルイ＝ジェルマン先生の勧めによって、リセ（高等中学）に進

アルベール・カミュ（写真提供：AFP＝時事）

学したことである。カミュは父親の戦没者遺族として奨学金を得てリセに通い、優秀な成績でアルジェ大学に進学する。カミュは学生時代から文筆活動を開始し、大学卒業後にアルジェで新聞記者となった。一九四二年、カミュは小説『異邦人』を発表し、文芸界で大きな反響を巻き起こす。さらにカミュはパリに移り住み、レジスタンス機関誌「コンバ」の発刊に関わる。

『異邦人』の成功によって文筆家として名声を得たカミュは、戦後、南米に講演旅行に出かけるなど世界的にも活躍する。一九四七年に発表した小説『ペスト』は、『異邦人』に続く大ベストセラーとなり、一九五七年にノーベル文学賞を受賞した。

こうした成功の一方で、カミュの政治的立場は批判にさらされていた。とくに、一九五一年に発表した『反抗的人間』においてソ連の政治体制を批判したことから、反革命的でブルジョワ的な立場に立っているとして大きな反発を受けていた。当時は東西冷戦が激化していた時代であり、どちらの体制の側につくのかという政治的立場が重要視されていたのである。あとでみるとおり、カミュの思想はそうした二分法的思考を拒否するものであった。

さらにカミュの立場を難しくしたのはアルジェリアの独立問題である。カミュはアルジェリアで生まれた移民三世であり、カミュにとってアルジェリアは母国にほかならなかった。それゆえ、フランスの植民地支配の暴力性に批判的な目を向けながらも、単なるアルジェリア放棄論は受け入れられなかったのである。

ただし、当初、カミュはこの問題の解決に希望を抱いていた。例えば、FLNによる武装蜂起後の一九五五年七月に『レクスプレス』誌に発表した小論「テロリズムと弾圧」では、入植者とアラブ人の対話による「フランス＝アラブ共同体」構想を提唱している（1）。

もしもアルジェリアが死ななければならないとすれば、それは一般化した諦めによって死ぬであろう。無関心な本国と激昂した植民地とは、ともに、フランス＝アラブ共同体は不可能であって、力の試練はいまや避けがたいということを認めているように思われる。〔…〕政治においては、殺すことや逃げることは、ふたつの使命放棄であり、未来を断念するふたつのやり方である。われわれは使命を放棄するものではなく、われわれがこの未来に意味を与えようとしていることには、理由がないわけではない。なぜなら、この未来は存在しており、血とテロルにもかかわらず、この未来にはなお見込みがあるのであって、われわれはこの未来を規定しなければならないのである。

〔…〕アルジェリアにおいては、他の場所においてと同様に、テロリズムは希望の不在によって説明されるのである。実際、それは、つねに、どこででも、孤独から生まれるのであり、もはや頼れるものも未来もなく、窓のない壁はあまりにも厚く、ただ呼吸をし、少し進むだけのためにも、それを打ち壊すことが必要だという考えから生まれるのである。

〔…〕政府の代表者たちと植民地化の代表者たちとアラブ運動の代表者たちを集める会議を即刻パリ

に招集することである。〔…〕この会議は、遅延なく、他のあらゆる決定よりも前に招集されなければならない。火は、くすぶっているようにみえるときでも、毎日、燃え広がるのである。やがて、おそらく明日には、もう手遅れになるであろう。これこそが、アラブ人にせよフランス人にせよ、孤独と使命放棄を同時に拒否するすべての人々が、休みなく発しなければならない叫びなのである（2）。

しかし、治安部隊とＦＬＮの戦闘が激化するにつれ、カミュの文章は悲観的性格を帯びていく。一九五五年一〇月に『レクスプレス』誌に発表された小論「引き裂かれたアルジェリア」では、「しかし今や寛容の時ではない。アルジェリアにとって、今日の議題は、血なのだ」と表白するに至る（3）。さらには、一九五六年一月、パリに移り住んでいたカミュ自身がアルジェに赴き、入植者とアラブ人の両者に対して市民休戦の呼びかけを行うが（4）、その試みが失敗に終わると、以後、カミュはこの問題に口を閉ざし、沈黙してしまう。

そして、一九六〇年一月、カミュはフランスで自動車事故に巻き込まれ、唐突にも四六歳の短い生涯を終える。あとにはカミュの自伝的小説『最初の人間』が未完のまま残された。

カミュの突然の死により、カミュとアルジェリアのつながりは沈黙のまま断ち切られた。そして、アルジェリアではその後も暴力の応酬が続いたことは第三章でみたとおりである。

ただし、カミュはアルジェリアで繰り返される暴力の連鎖という現実に絶望してすべてをあきらめてしまったわけではない。カミュの思想には希望の種が植えられていたのである。たしかにカミュの思想は即時に現実を動かす力とはならなかったが、その思想はいまなお、暴力の連鎖を超えて人間社会に希望を与えるものであるように筆者には思える。

それでは、カミュが抱いていた暴力の連鎖を断ち切るための構想とはどのようなものだったのか、カミュの作品をたどりつつその思想展開をみていこう。

「不条理」論

カミュの代表作『異邦人』(一九四二年)(5)のストーリーは次のとおりである。

アルジェに暮らす青年ムルソーは、ある日、養老院から母親が死んだという電報を受け取る。葬儀に赴くムルソーであるが、彼は一般に人びとがするように涙を流したり、感傷にひたったりすることはなく、淡々とその死を受け入れる。葬儀の翌日には恋人と海水浴や映画に行き、普段と変わらぬ生活を送る。

ある週末、ムルソーは友人たちとアルジェ郊外の別荘で過ごすが、海岸を散歩中、友人とアラブ人とのいざこざに遭遇する。ムルソーはけがをした友人を別荘に連れ帰るが、再び外出したところ、さきほどのアラブ人に偶然に出会う。ムルソーは友人から預かっていた銃を構える。じりじりと太陽が照りつけるなか、ムルソーはアラブ人と向き合い、そしてついに銃の引き金を引く。

アラブ人殺害で逮捕されたムルソーは裁判にかけられる。そこで彼は母親の死に際してまったく悲しみを表わさなかったという証言者の告発を聞き、陪審員はムルソーの非人間性に関心を持つ。検事や弁護士はムルソーの犯罪を理路整然と説明・弁論するが、裁判長にアラブ人殺害の動機を問われたムルソーは、自分の滑稽さを承知しつつ、「太陽のせいだ」と答える。ムルソーはその非人間性を裁かれ、死刑を宣告される。ムルソーは裁判で語られたすべてに違和感をもつが、そうしたものとは無関係に存在する世界に親近感を覚えつつ、死刑を受け入れる。

『異邦人』は、「不条理（l'absurde）」がテーマであるといわれる。「不条理」とは、たとえば、刃物で機関銃隊に立ち向かうような、「かれの企図とかれの待ちうけている現実とのあいだの不均衡、かれの実際の力とかれの目ざす目的とのあいだに認められる矛盾」であり、「ある行動とそれを超える世界との比較から噴出」するものであるとされる(6)。そして、この世のなかには人間の意思・論理と世界の現実とのあいだに裂け目があり、その結果、矛盾した状態である「不条理」があらゆるところで見いだされることになる。ムルソーが遭遇したのは、自分でも動機がわからないような殺人の実行と自分とは断絶された論理で展開された裁判での死刑判決という「不条理」な事態であった。

ただし、カミュは、こうした「不条理」の存在に対して、現実に絶望して自殺をはかったり、あるいは超越する神の存在を信じることで「不条理」の克服を目指したりするのではなく、あくまでも「不条理」を見つめながら生きることを説く。カミュは、そうした態度を「反抗（la révolte）」と呼んでいる。「反抗」とは、「人間と人間固有の暗黒との対決」であり、「毎秒毎秒世界を問題とする」ような不断の人間の行為であるという(7)。

そして、この「反抗」をテーマとした作品が、『異邦人』とともにカミュの代表作とされる小説『ペスト』(一九四七年)(8)である。

反抗と連帯

『ペスト』の舞台は、アルジェリア西部の港湾都市オランである。

一九四*年四月、オラン在住の医師リウーは診察室のある建物の階段口に一匹のネズミが死んでいるのを目にする。翌日、リウーは病気の妻が山の診療所に出発するのを駅まで見送りに行き、その途中でネズミの死骸が市内の各所で発見されていることを知る。そして、リウーのもとには原因不明の熱病に倒れた患者が次々と現われる。数日後、リウーは同僚医師カステルとの会話でその熱病がペストであると結論づける。

オランの市門は軍によって閉鎖され、町から出ることが禁止された。オラン市民は突然外部と遮断され、市外の家族や恋人などとの予期せぬ別離が生まれた。当初、人びとは依然として個人的な関心事を第一に考え、普段の習慣や利益を妨げられることに反発した。ペストの犠牲者はまだ少なく、その脅威が実感されなかったため、人びとは街頭やカフェ、映画館にあふれ、一種の休暇のようなものであった。

ちょうどパリから取材のためにオランにやってきていた新聞記者ランベールは、パリにいる恋人と会う

オラン市遠景（2011 年 12 月 筆者撮影）

ため、オランからの脱出を画策する。ランベールは、「自分はこの町には無関係な人間」であるとして、リウーを通して県知事に働きかけるが、特例措置は認められなかった。

ペストに対するオラン市民の反応はさまざまであった。パヌルー神父はミサにおいて、ペストはわれわれに反省を促す神の神罰であると説いた。旅行者のタルーは志願の保健隊を組織し、リウーの医療活動に協力した。下級老役人グランも保健隊に参加し、死者数の統計を作成する地道な作業に従事した。一方、犯罪に手を染め警察に追われていたコタールはペストの到来を喜んでいた。

ペストの感染が広がるにつれて、犠牲者の数は増大していき、市民の関心は個人的なものからペストのことへと移っていった。みな同じようにペストの終息という平和を待ち望むようになったのである。リウーは、治療ではなく感染者を認定して隔離するだけの毎日に心身とも疲れ果てながらも必死に自分の職責を果していた。タルーやグランの保健隊も懸命に働いた。老医カステルはワクチンを開発するが、その試みは失敗に終わっていた。ランベールはコタールから密輸業者を紹介してもらい、オランからの非合法な脱出を目指して奔走していた。

ある日、予審判事オトンの幼い息子が苦しみながら息を引き取った。ペストの発生は神罰であると説いていたパヌルー神父は罪のない幼い子供の死にショックを受け、神に救済を祈るのみであった。そして、息子を亡くしたオトン判事や思い悩むパヌルー神父、新聞記者のランベールも保健隊に参加していく。ランベールは「現に見たとおりのものを見てしまった今では、もう確かに僕はこの町の人間」だといい、オランからの脱出を断念した。その後、パヌルー神父は心労で息を引き取った。

一月になり、突然、ネズミの姿が町に現われる。そして、潮が引くようにペスト患者が少なくなり、ついにオランの封鎖が解除された。町が喜びに沸き立つなか、タルーがペストを発症して死んだ。リウーのもとには妻が闘病の末に死亡したとの電報が届く。コタールは狂乱状態に陥って銃撃戦のあと警察に逮捕された。リウーは今回の事件を記録として残すことを決意し、小説は終わる。

この作品はペストの流行という悲劇的な事件を描いたものであるが、その内容は希望に満ちている。それはなにか。それはリウーやタルーやグランの生き方であり、ペストに抗する人びとの連帯の姿である。すなわち、ペストの流行という「不条理」に直面して、絶望に陥ることでも神に祈りを捧げることでもなく、それぞれの持ち場でささやかながらも自らの職務を果すという「反抗」が描かれているのである。

カミュはのちに発表した『反抗的人間』（一九五一年）において、「反抗」とは「許しがたいと判断される侵害に対する絶対的拒否」（ノン：Non）と「正当な権利に対する漠然とした確信」（ウィ：Oui）に基づくとしている。すなわち、「反抗」には、「それは行き過ぎだ」とか「越すことのできぬ一線がある」というような限界の概念が存在するのである。さらに、人びとのあいだの守るべきものの領域の共通性によって、「反抗」には連帯が生まれるとする(9)。

ただし、「反抗」は必ずしも勝利を収めるとは限らない。それはむしろ敗北の連続であるかもしれない。『ペスト』の作中、リウーとタルーは次のような会話を交わしている。

リウーは、もし自分が全能の神を信じていたら人びとを治療することはやめて、そんな心配は神に任せてしまうだろうといい、ただし、そうでない以上、「あらんかぎりの力で死と戦ったほうがいい」と話す。それに対してタルーから、それでも「あなたの勝利は常に一時的なもの」にすぎないと指摘されると、リウーは、確かにそれは「際限なく続く敗北です」と認めるが、「それだからといって、戦いをやめる理由にはなりません」と答える(10)。

また、別の箇所でリウーは「今度のことは、ヒロイズムなどという問題じゃないんです。これは誠実さの問題なんです。こんな考え方はあるいは笑われるかもしれませんが、しかしペストと戦う唯一の方法は、誠実さということです」と話し、「誠実さ」の意味を問われると、「僕の場合には、つまり自分の職務を果すことだと心得ています」と答えている(11)。

ペストが沈静化したのはリウーやタルーなどの活動の結果でもカステルによるワクチン開発の結果でもなく、理由は不明なままである。つまり、「不条理」に始まり、「不条理」に終わったのであり、さらに言えば、いつまたペストが流行してもおかしくはないのである。人びとはただ、「不条理」に対して勝利が不確かな「反抗」を行い続けるのみである。

カミュの『ペスト』は、ナチスドイツに対するフランスのレジスタンスを想起していると言われる。しかし、現代のわれわれはより広い文脈でこの作品を読むべきではないだろうか。それはどのような状況であろうと、人間のあるべき生き方を示しているように思われる。

『ペスト』はフィクションの小説であり、反抗と連帯の思想は現実にはロマンチック過ぎるのかもしれない。それでもやはり、この作品に込めたカミュの思想はわれわれにとっての希望の灯であると筆者には感じられる。

それでは次に、カミュがテロリズムの問題をどのようにとらえていたのか、「テロリスト」を主人公にした作品を通してみていこう。

カミュのテロリズム観

一九四九年、カミュは戯曲『正義の人びと』(12)を発表する。同作品は、一九〇五年に発生したモスクワ総督セルゲイ大公暗殺事件を題材としている。あらすじは次のとおりである。

社会主義者カリャーエフは組織の一員としてセルゲイ大公暗殺をもくろみ、ついに決行の時がやってくる。しかし、爆弾を投じようとした大公の馬車には二人の子供が同乗していたのである。二人の子どもを巻き添えにすることをためらったカリャーエフは、爆弾を投げずに暗殺を断念する。

アジトに戻ったカリャーエフに対し、仲間のステパンは二カ月間危険を冒して作成した計画が台なしになったといってカリャーエフを非難する。一方、仲間のドーラは「あたしたちの爆弾で子供たちが吹き飛ばされたってかまわないなんて、たとえほんの一瞬でも言ったとしたら、それこそあたしたちの「組織」は権威も信頼もすっかり失ってしまう」といってカリャーエフを擁護する。しかし、ステパンは「そんな子供のことなんぞどうでもいいと俺たちが決心したとき、その日こそ、俺たちは世界を支配し、革命が勝利を得るんだ」と冷酷につきはなす。ドーラは「その日こそ、革命が人類全体の憎しみの的になるわ」と反論するが、ステパンは「いっこうにかまわんじゃないか、革命を全人類に強制し、その人類を、現在の状態から、その奴隷状態から救い出そうというほど革命を愛しているんなら」といい、「俺たちの主義に役立つことなら、なんだって禁じられちゃいない」と断言する。そして、ステパンは「(カリャーエフが)あの二人を殺さなかったばかりに、ロシアの幾千の子供たちがこれから先何年も飢え死してゆく」とし、「現在や未来のいっさいの悪を矯正」するために子供の命よりも革命の貫徹が必要だと主張する(13)。

こうした議論に対してカリャーエフは、自分は「この地上にいま生きている人びと」のために行動するのであって「わかりもしない遠い未来」のために行動することはできないと反論する。さらに「僕は殺人が勝利をえなくなるようにするために、死ぬことを選んだんだ」といって暗殺ののちに自らの死を覚悟していることをほのめかす(14)。

カリャーエフは二日後、セルゲイ大公が一人でいるところを見計らい、爆弾を投じて暗殺に成功する。事件後、カリャーエフは逃亡をせず、逮捕される。そして、警視総監スクーラトフに対して「僕はあなたたちの圧制に爆弾を投げたんだ、一人の人間に投げたんじゃない」と言うが、スクーラトフはカリャーエフが二日前に暗殺実行をためらったことを引き合いに出し、「思想で子供は殺せないということになると、同じ思想で大公なら殺せるというわけになるんですかな」と問いかける。カリャーエフはスクーラトフの指摘に対し返答に窮する(15)。

さらに、獄中のカリャーエフのもとを故セルゲイ大公の妃が訪れる。カリャーエフは、「僕はただ正義の行為をしたというだけしか覚えがありません」と言うと、大公妃は「まあ、同じ声！　お前のいまの声はあのひとの声とそっくり。…あのひともよく言っていました。『これは正義なんだ！』って」と返答する。大公妃は特赦を提案するが、カリャーエフはそれを拒絶し、死刑台に向かう(16)。

さて、この作品の中でとくに印象的なのは、自らの行為の正義を確信するカリャーエフに対して発せられる大公妃の言葉である。大公妃の言葉は、カリャーエフの正義とセルゲイ大公の正義の並列性を示唆し、正義の意味をわれわれに問いかける。正義とははたしてなにか、殺人を正当化する正義は存在するのか、と。

作者のカミュ自身は、カリャーエフが大公暗殺の償いとして自らの命をすすんで投げ出すことについて、「この論法は間違っているが、尊敬すべきところがある」と自身の制作ノートにつづっている(17)。

カミュの考えは次のようなものであろう。カミュは、カリャーエフと同じように未来の正義のために現在において犠牲を強いることを否定する。未来の理想社会をあらかじめ想定して現在の行動を正当化することを拒否するのである。ただし、カミュがカリャーエフと異なる点は、現在の正義のためにも殺人は犯すべきではないという立場を取ることである。「一つの生命は一つの生命によって支払われる」というカリャーエフの論理について、「尊敬すべきところはある」が、「間違っている」とメモ書きしたのはそのためであろう。カミュは未来のためであろうと現在のためであろうと正義のために殺人を犯すことを拒否するのである。

それではなぜ、カミュは正義のためであっても殺人を犯してはならないと言うのだろうか。あるいは、殺人やテロリズムを犯すことなく正義を求めることは可能なのだろうか。この点についてカミュは、「反抗」と「革命」という概念を用いながら議論を展開する。

革命と反抗

「反抗」と「革命」の概念は『反抗的人間』においてその違いが説明されている。「反抗」の具体例としてあげられているのが、労働条件に関して一世紀をかけて一日一六時間の労働時間を一週四〇時間にまで改善した革命的サンディカリズムである。サンディカリズムは職業という具体的な基盤から出発し、ひとつひとつの改善の積み重ねによって社会改革がすすむところに特徴を持つ。

これに対して、「革命」は「教義から出発し、そのなかに無理矢理に現実を押し込め」ようとする。カミュは「革命は絶対的なものから出発して、現実を型にはめる。反抗は逆に、現実を基盤として、真理への不断の闘争に進む。前者は上から下へ、後者は下から上へと実現されようとする」と書いている（18）。そして、上から下へと絶対的なものを現実に適用しようとする「革命」は、「その機能からいって、テロと現実に加えられる暴力を避けることができない」と指摘する。すなわち、正義を掲げて絶対的な教義を現実に押し込めようとする「革命」は、力の作用によって正義の実現を目指す以上、必然的に暴力やテロリズムが付随することになる。カミュはこうした「革命」の実行を否定し、ひとりひとりの「反抗」の積み重ねこそが暴力やテロリズムを付随することなく「歴史を前進させ、人間の苦悩を軽減する」と主張する（19）。

カミュの思想は、直接的にはロシア革命やファシズムなどが現われた革命と暴力の二〇世紀に対する反省に根ざしたものであろう。あらかじめ理想社会を想定して正義の名のもとに行われる「革命」には必然的に暴力やテロリズムが付随し、さらにそうした行為が正当化されてしまうと暴力やテロリズムに歯止めがかからなくなってしまうのである（20）。

「革命」の代わりにカミュが提唱するのは、現実の改善のためにひとりひとりが実践する「反抗」である。すなわち、「不条理」な現実に対して、絶望に陥ってなにも行動を起こさないのでも、正義を掲げて「革命」を志向するのでもなく、ひとりひとりが絶対に容認しえない「ノン」の領域に抗して「ウィ」の活動を実践することが求められるのである。それは必ずしも成功を収めるとは限らないが、カミュはそうした「反抗」の積み重ねのみが暴力やテロリズムを排して社会を改善していく唯一の方法であると説く。

もちろん、「革命」の論理によって暴力やテロリズムの嵐が吹き荒れるなかでは、カミュの「反抗」論は即時には無力であるのかもしれない。アルジェリア独立戦争に対するカミュの沈黙は、「革命」的状況に歯止めをかける術を見いだせなかったからではないだろうか。

それでも、カミュはかつて次のように書いている。

わたしは、あらゆる暴力を廃絶しなければならないというつもりはありません。そんなことは、願わしいことではあるにせよ、実のところ、空想的なことでしょう。わたしはただ、あらゆる暴力の正当化を拒否しなければならないというのです。その正当化が、絶対的な国家理由から由来するにせよ、全体主義的な哲学から由来するにせよ、拒否しなければなりません。暴力は避けることのできないもの（inévitable）であると同時に、正当化することのできないもの（injustifiable）なのです。わたしは、暴力にたいして、その例外的性格を保持し、それを可能なかぎりの限界のなかに押し込めるべきだと思います。

〔…〕対立する諸々の論拠によってテロルを正当化することに努力が注がれている世界にあって、わたしは、暴力に限界をもたらし、暴力が避けがたいときにも、それをある領域のなかにとじ込め、暴力がその激昂の果てにまで赴くのを妨げることによって、その恐るべき結果をやわらげることが必要だと考えます。わたしは、居心地の良い暴力（la violence confortable）をおそれるのです（21）。

カミュは、理想主義的に暴力を全否定して非暴力を貫くべきだと言っているのではなく、正義の名の下に暴力を正当化する「居心地の良い暴力」を否定しているのである。それは、「革命」の名の下に行われるテロリズムの否定であり、同時に「反テロリズム」の名の下に行われる暴力の否定でもある。

ストックホルムでの事件

一九五七年一二月、カミュはノーベル賞授賞式に出席するため、ストックホルムを訪れる。一二月一二日、カミュはストックホルム大学にて講演を行うが、その講演中、会場にいたアルジェリア青年から激しいののしりの言葉を浴びせられる。カミュがアルジェリア問題に関して沈黙していることに対する批判であった。

ル・モンド紙の報道によると、青年の批判に対してカミュは、「わたしは正義を信じているが、正義よりもわたしの母を選ぶ」と答えたという。カミュの母親は独立戦争が始まった後もアルジェに暮らし続けており、カミュは母親に危害が及ぶことを恐れて政治的発言を控えたと理解されたのである。

しかし、アルジェリア生まれのフランス人史家ジャン・モヌレによると、カミュの発言は誤って要約されており、事件の真相は異なっているという(22)。モヌレによれば、アルジェリア青年に対してカミュは次のように答えたという。

われわれが話をしているこの時にも、アルジェでは路面電車に爆弾が投じられているかもしれない。そして、わたしの母がそうした路面電車のひとつに乗っているかもしれない。もし、こうしたことが正義であるというのであれば、わたしはわたしの母の側に立つ(23)。

ここで表明されているカミュの発言の意図は、母親を守るために政治的発言を控えるというような消極的態度ではない。テロリズムを肯定するような正義であるならば、正義よりも母親の側、すなわち正義よりもひとりの人間の側に立つというカミュの積極的言明である。それは、先にみたカミュの反抗論に基づく一貫した態度にほかならない。

たしかにカミュは、アルジェリア独立戦争が暴力の連鎖に陥り、凄惨な戦いを続けている間、語るべき言葉を持たず、沈黙した。しかし、カミュはこうした状況においても絶望してすべてをあきらめてしまっていたわけではない。カミュは直接アルジェリア問題について語る代わりに、自伝的小説『最初の人間』(24)を準備していた。その書きかけの第一部と第二部の原稿では、カミュの分身である主人公ジャック・コルムリイの貧しくも温かな人たちに囲まれた少年時代が描かれている。カミュの残したノートによれば、『異邦人』のテーマが「不条理」、『ペスト』のテーマが「反抗」であったのに対して、『最初の人間』のテーマは「愛」であったという（25）。

タイトルにある「最初の人間」とは、過去の歴史を持たずに最初の人間として日々の現実世界に立ち向かっていくような人間である。それは、歴史も想定される未来も持たないという意味で、「反抗的人間」と同義であろう。カミュはあらゆる人は本来的に「最初の人間」であると考えていたようである。

なお、カミュは、一九五七年一二月のノーベル文学賞授賞式において次のような言葉で演説を結んでいる。

真の芸術家がだれでも、毎日、沈黙のうちに心に誓っている誠実への約束を、あの昔ながらの同じ約束を、個人的な感謝のしるしとして、みなさま方の前で公に誓う次第であります（26）。

小説『ペスト』のなかでリウーが言ったとおり、「反抗」の実践は「ヒロイズム」ではなく「誠実さ」の問題であり、作家としてカミュはそれを『最初の人間』に託すつもりだったのではないだろうか。ただし、それは未完のままわれわれに課題として残された。

反暴力論

ここで、いったん議論を整理しておこう。

まず、ソレルの『暴力論』でみられたのは、「強制力」という少数派によって強制されてきた社会秩序に対して、そうした既存の社会秩序を破壊する力としての「暴力」の肯定であった。ただしソレルにおいては、「暴力」は直接行動を意味し、具体的にはゼネストなどのサンディカリズム運動を想定していた。しかし、不正な社会秩序を破壊するというソレルの思想に焦点が当てられた結果、手段としての「暴力」の内容は二次的なものとして拡大解釈されていく。

ファノンの議論では、植民地主義という人類全体にとっての不正で暴力的な社会秩序の存在があり、それへの戦いが主張される(27)。ただし、植民地主義が暴力的であり、かつ、その秩序の早急な破壊が求められるため、非植民地主義は暴力的にならざるをえない。それは和解しえない二つの秩序の戦いであり、力のみがその帰結を決める。その闘争は物理的暴力を伴い、シュミットのいう「絶対的な敵対関係」となる。さらに、サルトルにおいては、非植民地主義の意識化という点でも物理的暴力に積極的意義が見いだされた。

しかし、こうした論理では結局のところ暴力の連鎖に陥ってしまうのである。言い換えれば、普遍的な善悪二元論的世界観に立つ限り、「絶対的な敵対関係」に基づく絶滅戦というシュミットの不吉な予言から逃れることはできないのである。

これに対してカミュは、暴力やテロリズムの連鎖を上からの正義の適用という「革命」の付随物であると指摘し、「革命」に代えて「反抗」を提唱する。「反抗」とは、容認しえない「ノン」の領域への絶対的拒否の立場から「ウィ」の実践を行うことであり、さらに「ノン」の領域に対する人びとの共通関心によって「反抗」には連帯が生まれるとされる。そして、暴力やテロリズムが付随する「革命」ではなく、「反抗」の積み重ねによって社会の漸進的改善を目指すことが重要だと主張するのである。

それは現実には必ずしも勝利を収めるとは限らないが、それ以外に暴力やテロリズムなしに社会を改善する方法はないという。カミュは、「反抗」の実践を、善悪二元論というイデオロギーに基づかない「真のリアリズム（現実主義）」であると称している(28)。

「革命」ではなく「反抗」を実践すべきだというカミュの主張は、一次的には個人の政治的態度に関する議論である。「革命」を志向すると、必然的に暴力やテロリズムを正当化してしまい、その連鎖を避けることができないというのがカミュの主張であった。

では、「革命」ではなく「反抗」の積み重ねによる漸進的改革とは、具体的にはどのような政治プログラムになるのだろうか。あるいは、カミュの思想を活かしながら、個人の政治的態度を超えてマクロな視点から暴力の連鎖に陥らないような政治体制のあり方を考えるには、どのようにしたら良いのだろうか。この点を考えるため、ドイツ生まれの政治思想家ハンナ・アーレントの議論をみていこう(29)。

権力と暴力

まずは、アーレントが独特の用語法で言及する「権力（Power）」と「暴力（Violence）」の関係について確認しておこう。アーレントは、「暴力について」という論考の中で、「権力」について次のように説明している。

一国の制度に権力を付与するのは人民の支持がそうするのであり、その支持は法をはじめて存在せしめた同意の継続にほかならない。〔…〕あらゆる政治制度は権力の顕現であり物質化である。人民の生きた権力がそれを支えるのをやめてしまえばたちまち石化し、ぼろぼろに朽ち果ててしまう（30）。

すなわち、政体の「権力」とは、人民の「同意の継続」によってのみ維持されるのであり、それがなくなってしまえば、「権力」は実体を失い、政体は崩壊してしまうとアーレントは主張する。一方、「暴力」は、「権力」とはまったく異なるものである。

実際権力と暴力との最も明白なる相違点の一つは、権力はつねに数を必要とするのにたいして、暴力は機器に依存するがゆえにある点までは数がなくともやっていけるという点にある。〔…〕暴力の極端な形態とは一人が全員に敵対するものである。後者（暴力）は道具がなければおよそ不可能である(31)。

「権力」が人民の支持を必要とするのに対して、「暴力」は機器に依存し、少数で発動されるという。ただしすぐ後で、アーレントは、「暴力」も最終的にはその背後に「権力」を必要とすると指摘している。というのも、「(暴力が効果を発揮するのは)人びとが命令に服従し、軍隊や警察の強制力が武器を使用する用意があるあいだにかぎられる」からである(32)。

例えば、アルジェリアの隣国チュニジアでは、二〇一一年一月、ベンアリ大統領の長年にわたる独裁体制がまたたく間に崩壊したが、この政変の決定打は、ベンアリ大統領が反政府デモの鎮圧のために実弾の使用を指示したのに対し、軍がそれを拒否したことであった。軍の支持を失ったベンアリ大統領は国外逃亡し、独裁体制は崩壊した。アーレントの議論のとおり、「暴力」による支配は、その背後の「権力」を失うと大変脆いという一例であろう。

アーレントによれば、「暴力」と「権力」は「たいてい一緒になって現われる」という。「暴力」が効果を発揮するためには、「権力」が必要になるからである。

そして、「権力」が人民の「同意の継続」によって維持される以上、「権力」には「正統性」が求められることになる。しかし、「暴力」の行使は、「権力」にとって不可欠な「正統性」を掘り崩してしまう。アーレントは、「権力の代わりに暴力を用いることで勝利は得られるが、その代償はきわめて高くつく。というのも、被征服者ばかりでなく、勝利者もまた権力の失墜という代償を支払わなければならないからである」と記している(33)。

すなわち、「暴力」には「権力」が必要であるが、「暴力」の行使は、「権力」の基盤である「正統性」を掘り崩してしまうのである。アーレントは次のように説明している。

政治的にいうとすれば、権力と暴力は同一ではないというのでは不十分である。権力と暴力とは対立する。一方が絶対的に支配するところでは、他方は不在のままである。暴力は、権力が危うくなると現われてくるが、暴力をなすがままにしておくと最後には権力を消し去ってしまう。〔…〕暴力は権力を破壊することはできるが、権力を創造することはまったくできない(34)。

つまり「暴力」による支配は、「権力」の基盤である「正統性」を掘り崩してしまうため、ますます「暴力」に頼るようになり、「暴力」がエスカレートしてしまうのである。そしてその結果は、チュニジアの「ジャスミン革命」のように、「権力」の喪失によって突然の政変に見舞われることになる。

ただし、その後に現われる新たな政体が「暴力」を排した「権力」に基づく政治体制を確立できるかどうかは確定できない。単なる政権の交代という「反乱(Rebellion)」に終わる可能性もあるのである。

そこで、アーレントが重視するのは、新憲法制定のような自由の創設である。そのような自由の創設こそが真の「革命（Revolution）」であるという（35）。アーレントは次のように述べている。

反乱の目的は解放であるのにたいして、革命の目的は自由の創設である〔…〕歴史家は反乱と解放という激烈な第一段階、つまり暴政にたいする蜂起に重点を置き、それよりも静かな革命と構成の第二段階を軽視する傾向がある〔…〕反乱や解放が新しく獲得された自由の構成を伴わないばあい、そのような反乱や解放ほど無益なものはないのである（36）。

この観点から、アーレントはフランス革命ではなく、アメリカ独立革命を評価する。つまり、アーレントが重視するのは、暴政に対する蜂起としての「反乱」ではなく、自由の創設としての「革命」なのである。

「暴力」ではなく「権力」の確立、「反乱」ではなく（アーレントの定義による）「革命」の実行が大切であるとすれば、それはカミュの議論に照らせば、（カミュの定義による）「革命」ではなく、「反抗」こそが問われているといえよう。「暴力」によって「権力」の基盤を掘り崩してしまうことがないように「暴力」を排しながら自由の創設を進める必要があるならば、もっとも重要なことは、体制を覆すという暴力的な行動ではなく、人びとの漸進的改善である「反抗」こそが求められるからである。「暴力」が「正統性」を掘り崩し、「権力」を破壊してますます「暴力」に陥ってしまうジレンマを抱えている以上、常に成功を収めるかは不確かで、また遅々とした歩みしか得られないかも知れないが、それでも「暴力」を排して「反抗」を積み重ねることこそが自由の創設に寄与し、「歴史を前進させ、人間の苦悩を軽減する」のである。

社会的不正義という現実が存在してもなお暴力やテロリズムを拒否する論拠、ならびに、テロリズムに対しても暴力を正当化せずにできる限り例外的存在にとどめておくべきだとする論拠はここに求められる。

構造的暴力

さて、われわれは、暴力あるいはテロリズムを拒否し、社会の漸進的な改善を目指すべきだとする立場をカミュやアーレントの思想にみてきた。しかし、振り返ってみれば、そもそもソレルの議論の出発点は、既存秩序がもっている暴力性への問題提起であった。そうした既存秩序の暴力性については問わずに、一方的にテロリズムの暴力性のみを糾弾するのは、問題の本質をとらえず、かえって問題解決を遅らせることになるのではないだろうか。

ここで、「暴力」の概念をより広くとらえるため、平和学者ヨハン・ガルトゥングの「構造的暴力」の議論を参照しよう。ガルトゥングの議論の特徴は、暴力の概念について、直接的暴力のほかに構造的暴力の存在を指摘したことにある(37)。

まず、直接的暴力というのは、個人のレベルで言えば、傷害や殺人といったものであり、国家のレベルで言えば戦争といった目に見える物理的暴力のことである。一般的に暴力といえば、この直接的暴力のことであろう。

他方、物理的な暴力ではないけれども、結果的に直接的暴力と同じような被害をもたらす社会的状況がある。そういうものをガルトゥングは構造的暴力と呼んでいる。たとえば、貧困によって子どもが栄養失調で死に至る、そういう状況が構造的暴力である。直接的な物理的暴力ではないけれども、そのような暴力と同じ結果をもたらすような社会的状況が構造的暴力である。

構造的暴力とは、貧困や抑圧、差別など政治・経済・社会制度によって構造的に作り出される暴力作用である。ガルトゥングは、このように暴力を広義に定義することで、社会のなかに隠された暴力性を可視化したのである。

第六章でみたとおり、現代のグローバル・テロリズムは既存の国際秩序の打倒を目指している。それは国際政治におけるアメリカの覇権に対する不満であったり、世界経済における不平等性に対する不満であったり、あるいは宗教的動機であったり、さまざまではあるが、そうした現実世界における不正義の感覚が既存秩序の暴力的破壊を目指すテロリズムを生む一つの原因となっている。

そうであるならば、われわれはテロリズムの直接的暴力を否定するだけでなく、構造的暴力にも目を向け、その改善を進めていかなければならない。すなわち、われわれは暴力の連鎖を断ち切るためにテロリズムの暴力性を拒否するのと同時に、もうひとつの暴力性である構造的暴力に対しても拒否の姿勢をとり、「反抗」を実践することが求められるのである。そして、そうした「反抗」の不断の実践のみが、暴力の連鎖に陥ることなく、テロリズムに抗する唯一の方策であると筆者は考える。カミュが指摘するように、テロリズムが絶望から生まれるのであれば、そうした絶望的状況を改善する「反抗」の実践こそが、テロリズムに抗する真の処方策となるのである。

アルジェリア人質事件の教訓

最後に、アルジェリア人質事件についてあらためて考えよう。この事件から、われわれはなにを学ぶべきなのであろうか。

悲劇的な事件を受けて、テロリズムを憎む気持ちはだれもが同じである。しかし、テロリズムに抗するというのは、武装集団を徹底的に掃討し、殲滅すればよいというような単純なことではない。むしろ、アルジェリアの歴史はそれに疑問を投げかける。

アルジェリアは、フランスとの凄惨な独立戦争の末、独立を果たした。しかし、その政治体制はＦＬＮ一党制、社会主義路線、軍部主導という特質を持ち、経済状況が悪化した一九八〇年代末に国民の不満が爆発した。一九九〇年代、アルジェリアは、治安部隊とイスラーム武装集団が互いに殺戮を繰り返し、暴力の連鎖が激化する。そして二〇〇〇年代に入ると、イスラーム武装集団は国際的なテロ組織と連携した。

一連の事態の背後には、善悪二元論的世界観に基づく「絶対的な敵対関係」という構図が存在していた。ＦＬＮとフランス政府、アルジェリア当局とイスラーム武装集団の間には、妥協や調和の余地はなく、徹底的な「敵」の根絶が目指され、そこでは力のみが決定的な役割を果すのである。そして、今回の事件においても、アルジェリア政府と武装集団は、お互いに相手側を「絶対的な敵」とみなし、絶滅戦を展開するという構図が現れていた。

それでは、シュミットの不吉な予言のように、政治とは常に友敵関係を作り出すものであり、現代の非正規で善悪二元論に基づくパルチザンの戦いにおいては最終的に絶滅戦に至るというのが、われわれの宿命なのだろうか。

こうした絶滅戦から逃れる方法をわれわれはカミュの思想に学んだ。あらかじめ「正義」を定めてそれを現実に当てはめようとする「革命」は、かならず暴力やテロリズムを生み、その連鎖に陥って絶滅戦に至ってしまうのである。そうならないためにカミュが主張するのは、容認しえない「ノン」の領域から出発し、現実世界における日々の改善を目指す「反抗」であった。それは、「際限なく続く敗北」であるかもしれないが、それでも「反抗」の絶え間ない実践のみが暴力を排しつつ社会改善を実現する唯一の方法となるのである。それは、アーレントの「自由の創設」の議論とも符合する。

そして忘れてはならないのは、テロリズムとは、反体制側の暴力だけではなく、体制側の恐怖政治をも指し示すことである。

われわれは、双方のテロリズムを拒否しなければならない。それは結局、暴力の連鎖を生み、絶滅戦に至るからである。テロリズムという不条理な現実に対して、われわれがなすべきは、現実に絶望してあきらめてしまうことでも、絶対的正義を掲げてテロリズムを根絶しようとすることでもなく、暴力や恐怖に基づく暴力主義に「ノン」と声を上げて拒絶を表明し、暴力の正当化を容認しない社会を一歩ずつ作り上げていくことにある。

ただし、そのためには、単にテロリズムの暴力性を否定するだけではなく、同時に構造的暴力にも目を向けていくことが必要である。社会変革のためには暴力も辞さずというような暴力主義を拒否すると同時に、もはや暴力でしか社会変革ができないと思わせるような状況をなくしていくことが求められるからである。すなわち、暴力主義への共感が広がらないような社会環境をつくり出していくことが、遠回りではあるものの、テロリズム問題の本質的な解決策となるのである。そのために必要となるのが、現実世界における日々の改善を目指す「反抗」の実践であり、グローバルな規模での「自由の創設」である。

グローバル経済のなかでアルジェリアは困難な状況に直面しており、社会的不満がいつまた爆発するか予断を許さない。暴力を使ってでも社会変革を目指そうとする暴力主義への共感が広がる危険性も懸念される。

世界からテロリズムをなくすというのは、「テロリスト」を殲滅することではない。テロリズムを生むようなあらゆる暴力主義をなくしていくことである。このことを、多くの尊い命が失われた今回の事件の教訓とすべきではないだろうか。

【注】

(1)カミュが提唱する「フランス=アラブ共同体」構想には、地中海の複合性に関するカミュの思想が反映されている。カミュの地中海へのまなざしについては次を参照。千々岩靖子［二〇一四］『カミュ：歴史の裁きに抗して』名古屋大学出版会。

(2)アルベール・カミュ［一九七三］「テロリズムと弾圧」森本和夫訳、『カミュ全集8』新潮社、二二三～二二九頁。

(3)アルベール・カミュ［一九七三］「引き裂かれたアルジェリア」田中淳一訳、『カミュ全集8』二五四頁。

(4)アルベール・カミュ［一九七三］「アルジェリアにおける市民休戦への呼びかけ」鷲見洋一訳、『カミュ全集9』二四一～二五一頁。

(5)アルベール・カミュ［一九五四］『異邦人』窪田啓作訳、新潮社。

(6)アルベール・カミュ［一九六九］『シーシュポスの神話』清水徹訳、新潮社、五六～五七頁。

(7)同書、九六頁。

(8)アルベール・カミュ［一九六九］『ペスト』宮崎嶺雄訳、新潮社。

(9)アルベール・カミュ［一九七三］『反抗的人間（カミュ全集6）』佐藤朔・白井浩司訳、新潮社、一七頁。

(10)カミュ『ペスト』一八八頁。

(11)同書、二四五頁。

(12)アルベール・カミュ［一九七三］「正義の人々」白井健三郎訳、『カミュ全集5』九一～一五一頁。

(13)同書、一一一～一一三頁。

(14)同書、一一四～一一五頁。

(15)同書、一三二～一三五頁。

(16)同書、一三六～一三七頁。

(17)アルベール・カミュ［一九九二］『カミュの手帖』大久保敏彦訳、新潮社、三一二頁。

（18）カミュ『反抗的人間』二七一頁。
（19）同書、二七一頁。
（20）あらかじめ人類の進歩と歴史の発展を前提とする歴史主義に対して、カミュは非常に批判的であった。例えば、メルロ=ポンティが一九四七年に発表した『ヒューマニズムとテロル』において、「革命的暴力」と「退行的暴力」を区別し、前者を肯定したことに対してカミュが鋭い批判を投げかけたことが知られている。モーリス・メルロ=ポンティ［二〇〇二］『ヒューマニズムとテロル』合田正人訳、みすず書房。
（21）アルベール・カミュ［一九七三］「エマニュエル・ダスティエ・ド・ラ・ヴィジュリーへの二通の返事」森本和夫訳、『カミュ全集5』一八〇〜一八一頁。
（22）カミュ自身は、「わたしは正義を信じているが、正義よりもわたしの母を選ぶ」と要約された発言について反論をしていない。アルベール・カミュ［一九七三］「ストックホルムの言明：「ル・モンド」紙への手紙」鷲見洋一訳、『カミュ全集9』二七〇〜二七一頁。
（23）Monneret, Jean [2013] *Camus et le Terrorisme*, Michalon Editeur, p.14.
（24）アルベール・カミュ［二〇一二］『最初の人間』大久保敏彦訳、新潮社。
（25）カミュ『カミュの手帖』五七〇頁。
（26）アルベール・カミュ［一九七三］「スウェーデンでの演説」清水徹訳、『カミュ全集9』二一六頁。
（27）フランツ・ファノンの文章にも「ノン」の強調が現れている。「人間はひとつのノンでもあるのだ。人間蔑視に対するノン。人間の卑賤に対するノン。人間搾取に対するノン。人間にあって最も人間的なもの、すなわち自由の圧殺に対するノン」（ファノン『黒い皮膚・白い仮面』二四〇頁）。植民地支配という状況の中で、暴力を容認せざるを得なかったファノンとそれでもなお暴力を否定したカミュとの間に明らかな違いはあるものの、暴力を例外的なものにとどめよというカミュの意見を考えると、両者の立場ははるか遠いものではなく、ある一線を挟んだ両側にいたようにも思える。
（28）カミュ『反抗的人間』二七一頁。

(29) モヌレによれば、カミュとアーレントは面識があり、とくにアーレントはカミュの『反抗的人間』を高く評価していたという。Monneret, *op. cit.*, p.47.
(30) ハンナ・アーレント［二〇〇〇］「暴力について」、『暴力について：共和国の危機』山田正行訳、みすず書房、一三〇頁。
(31) 同書、一三〇〜一頁。
(32) 同書、一三七頁。
(33) 同書、一四三頁。
(34) 同書、一四五頁。
(35) アーレントの「革命」の定義は、さきほどのカミュの「革命」の定義とはまったく異なる。
(36) ハンナ・アーレント［一九九五］『革命について』志水速雄訳、筑摩書房、二二三〜二二四頁。
(37) ヨハン・ガルトゥング［一九九一］『構造的暴力と平和』高柳先男ほか訳、中央大学出版部。

参考文献

＊報告書や新聞報道、統計などは、各章の注を参照。

池内恵［二〇一三］「グローバル・ジハードの変容」、『年報政治学』（日本政治学会）。

――――［二〇一四］「近代ジハード論の系譜学」、『国際政治』（日本国際政治学会）第一七五号。

――――［二〇一五］『イスラーム国の衝撃』文藝春秋。

河野健二編［一九八九］『資料：フランス革命』岩波書店。

私市正年［二〇〇四］『北アフリカ・イスラーム主義運動の歴史』白水社。

――――［二〇一二］『原理主義の終焉か：ポスト・イスラーム主義論』山川出版社。

鈴木董［一九八九］「イスラム国際体系」、有賀貞ほか編『講座国際政治』第一巻、東京大学出版会。

千々岩靖子［二〇一四］『カミュ：歴史の裁きに抗して』名古屋大学出版会。

日本貿易振興会［一九八二］『アルジェリア（ジェトロ貿易市場シリーズ）』。

平野美惠子ほか［二〇〇二］「米国愛国者法（反テロ法）（上）」、『外国の立法』二一四号。

――――［二〇〇三］「米国愛国者法（反テロ法）（下）」、『外国の立法』二一五号。

福田邦夫［二〇〇六］『独立後第三世界の政治・経済過程の変容：アルジェリアの事例研究』西田書店。

宮治一雄［一九九四］『アフリカ現代史Ｖ（第二版）』山川出版社。

桃井治郎［二〇一一］「アルジェリアの開発戦略と地中海圏のエネルギー問題」、『アリーナ』（中部大学）第一一号。

――――［二〇一一］「アルジェから見たチュニジア革命」、『アリーナ』（中部大学）第一二号。

――――［二〇一三］「未来観の変遷と未来学」、桃井治郎・玉田敦子共編『近代と未来のはざまで：未来観の変遷と二一世紀の課題』風媒社。

――――［二〇一五］『「バルバリア海賊」の終焉：ウィーン体制の光と影』風媒社。

吉田敦［二〇〇三］「アルジェリアの民営化と経済機構の再編過程」、『商学研究論集』（明治大学）第一九号。

渡辺伸［二〇〇二］『アルジェリア危機の一〇年：その終焉と再評価』文芸社。

Arendt, Hannah [1963] *On Revolution*, Viking Press.（ハンナ・アーレント『革命について』志水速雄訳、筑摩書房、一九九五年）

―――― [1969] *Crises of the Republic*, Harcourt Brace Jovanovich.（ハンナ・アーレント『暴力について：共和国の危機』山田正行訳、みすず書房、二〇〇〇年）

Augustinus [426] *De civitate Dei*.（アウグスティヌス『神の国』服部英次郎訳、岩波書店、一九八二年）

Camus, Albert [1942] *L'étranger*, Gallimard.（アルベール・カミュ『異邦人』窪田啓作訳、新潮社、一九五四年）

―――― [1942] *Le mythe de Sisyphe*, Gallimard.（アルベール・カミュ『シーシュポスの神話』清水徹訳、新潮社、一九六九年）

―――― [1947] *La Peste*, Gallimard.（アルベール・カミュ『ペスト』宮崎嶺雄訳、新潮社、一九六九年）

―――― [1948] "Deux réponses à Emmanuel d'Astier de la Vigerie", *Caliban*, N.16.（アルベール・カミュ「エマニュエル・ダスティエ・ド・ラ・ヴィジュリーへの二通の返事」森本和夫訳、『カミュ全集5』新潮社、一九七三年所収）

―――― [1950] *Les Justes*, Gallimard.（アルベール・カミュ『正義の人々』白井健三郎訳、『カミュ全集5』所収）

―――― [1951] *L'homme révolté*, Gallimard.（アルベール・カミュ『反抗的人間』カミュ全集6、佐藤朔・白井浩司訳、新潮社、一九七三年）

―――― [1955] "Terrorisme et Répression", *L'express*, 9/7/1955.（アルベール・カミュ「テロリズムと弾圧」森本和夫訳、『カミュ全集8』新潮社、一九七三年所収）

―――― [1955] "L'Algérie déchirée", *L'express*, 16/10/1955.（アルベール・カミュ「引き裂かれたアルジェリア」田中淳一訳、『カミュ全集8』所収）

―――― [1955] "L'Appel pour une Trêve Civile", *Demain*, 26/1/1956.（アルベール・カミュ「アルジェリアにおける市民休戦への呼びかけ」鷲見洋一訳、『カミュ全集9』新潮社、一九七三年所収）

――[1957] *Lettre au Directeur du Monde*, 17/12/1957.（アルベール・カミュ「ストックホルムの言明：「ル・モンド」紙への手紙」鷲見洋一訳、『カミュ全集9』所収）

――[1958] *Discours de Suède*, Gallimard.（アルベール・カミュ「スウェーデンでの演説」清水徹訳、『カミュ全集9』所収）

――[1964] *Carnets II: janvier 1942 - mars 1951*, Gallimard; [1989] *Carnets III: mars 1951 - décembre 1959*.（アルベール・カミュ『カミュの手帖』大久保敏彦訳、新潮社、一九九二年）

――[1994] *Le premier homme*, Gallimard.（アルベール・カミュ『最初の人間』大久保敏彦訳、新潮社、二〇一二年）

Chomsky, Noam [1986] *Pirates and Emperors, Old and New*, Claremont Research & Publications.（ノーム・チョムスキー『テロの帝国アメリカ：海賊と帝王』海野由香子ほか訳、明石書店、二〇〇三年）

Cicero, Marcus Tullius [B.C.44] *De Officiis*.（キケロー「義務について」中務哲郎・高橋宏幸訳、『キケロー選集（九）哲学Ⅱ』岩波書店、一九九九年所収）

Fanon, Frantz [1952] *Peau Noire, Masques Blancs*, Ed. du Seuil.（フランツ・ファノン『黒い皮膚・白い仮面』海老坂武・加藤晴久訳、みすず書房、一九九八年）

――[1959] *La Sociologie d'une Révolution*, Maspero.（フランツ・ファノン『革命の社会学』宮ヶ谷徳三・花輪莞爾・海老坂武訳、みすず書房、二〇〇八年）

――[1961] *Les Damnés de la Terre*, Maspero.（フランツ・ファノン『地に呪われたる者』鈴木道彦・浦野依子訳、みすず書房、一九九六年）

Fukuyama, Francis [1992] *The End of History and the Last Man*, Free Press.（フランシス・フクヤマ『歴史の終わり』渡部昇一訳、三笠書房、一九九二年）

Galtung, Johan [1969] "Violence, Peace Reserch", *Journal of Peace Research*, No.3.（ヨハン・ガルトゥング『構造的暴力と平和』高柳先男ほか訳、中央大学出版部、一九九一年）

Hoffman, Bruce [1998] *Inside Terrorism*, Columbia Univ. Press（ブルース・ホフマン『テロリズム』上野元美訳、原書房、一九九九年）

Huntington, Samuel P. [1996] *The Clash of Civilizations and the Remaking of World Order*, Simon & Schuster.（サミュエル・ハンチントン『文明の衝突』鈴木主税訳、集英社、一九九八年）

Khadduri, Majid [1955] *War and Peace in the Law of Islam*, Baltimore: The Johns Hopkins Press.

Merleau-Ponty, Maurice [1947] *Humanisme et Terreur*, Gallimard.（モーリス・メルロ＝ポンティ『ヒューマニズムとテロル』合田正人訳、メルロ＝ポンティ・コレクション6、みすず書房、二〇〇二年）

Monneret, Jean [2013] *Camus et le Terrorisme*, Michalon Editeur.

Orwell, George [1949] *Nineteen Eighty-Four*, Secker and Warburg.（ジョージ・オーウェル『一九八四年』高橋和久訳、早川書房、二〇〇九年）

Pervillé, Guy [2007] *La guerre d'Algérie*, Presses Universitaires de France.（ギー・ペルヴィエ『アルジェリア戦争』渡邊祥子訳、白水社、二〇一二年）

Sartre, Jean-Paul [1961] "La Préface", in Fanon, Frantz, *Les Damnés de la Terre*, Maspero.（ジャン＝ポール・サルトル「序」、ファノン『地に呪われたる者』所収）

Schmitt, Carl [1932] *Der Begriff des Politischen*, Duncker & Humblot.（カール・シュミット『政治的なものの概念』田中浩・原田武雄訳、未來社、一九七〇年）

——— [1963] *Theorie des Partisanen*, Duncker & Humblot.（カール・シュミット『パルチザンの理論：政治的なものの概念についての中間所見』新田邦夫訳、筑摩書房、一九九五年）

Sorel, Georges [1908] *Réflexions sur la violence*, Feuilles libres.（ジョルジュ・ソレル『暴力論』今村仁司・塚原史訳、岩波書店、二〇〇七年）

Stora, Benjamin [1991] *Histoire de l'Algérie coloniale (1830-1954)*, La Découverte; [1993] *Histoire de la guerre d'Algérie*; [2001] *Histoire de l'Algérie depuis l'indépendance*.（バンジャマン・ストラ『アルジェリアの歴史：フランス植民地支配・独立戦争・脱植民地化』小山田紀子・渡辺司訳、明石書店、二〇一一年）

おわりに

筆者は、二〇〇八年四月から二〇一一年三月までの三年間、在アルジェリア日本国大使館で専門調査員として勤務した。そして、帰国して約二年が経とうとしていた二〇一三年一月、事件は発生した。筆者がアルジェリア赴任中にお世話になった方も、事件に巻き込まれ、犠牲となった。

筆者は必ずしもテロリズムの問題を専門としてきたわけではないが、それでも、今回の事件について記録し、なぜ事件が起きたのか、再びこのような事件を起こさないためになにをすべきなのか考えなければならないと思い至った。本書の執筆の動機はこうした個人的な思いからである。

草稿自体は早い時期に書き上げていたものの、その後、修正や加筆を行う段階で、作業が遅延し、出版が大幅に遅れてしまった。その間も、二〇一五年一月には、シリアで日本人二人が殺害され、同年三月には、チュニジアのバルドー博物館で日本人三人を含む観光客二〇人余りが犠牲となる襲撃事件が発生した。

現代世界において、テロリズム問題はますます深刻化し、われわれの対応が問われていると強く感じる。

出版にあたって、新評論編集部の吉住亜矢氏に、内容についての鋭いご指摘と温かな励ましをいただいた。心より感謝申し上げたい。

また、これまでお世話になった多くの先生方、そしてアルジェリア、チュニジア、日本で出会った友人たちにも、あらためて感謝の気持ちを伝えたい。本書で展開した議論は、これまでの人生のさまざまな場面で先生方や友人たちから教えられてきたことに多くを負っている。もちろん、本書の内容面の責任はすべて筆者にある。至らぬ点については読者からのご批判を待ちたい。

本書の出版にあたって中部大学の出版助成を受けた。記して、関係各位に深謝申し上げる。

二〇一五年夏

著者

著者紹介

桃井治郎（ももい・じろう）

1971年，神奈川県生まれ。中部大学国際関係学部専任講師。筑波大学卒，中部大学大学院博士後期課程中退。博士（国際関係学）。中部高等学術研究所研究員，在アルジェリア日本国大使館専門調査員などを経て，現職。専攻は国際関係学，マグレブ地域研究，平和学。著書に『「バルバリア海賊」の終焉：ウィーン体制の光と影』（風媒社，2015年），『近代と未来のはざまで：未来観の変遷と21世紀の課題』（共編，風媒社，2013年）がある。

アルジェリア人質事件の深層
暴力の連鎖に抗する「否テロ」の思想のために

2015年10月10日　　初版第1刷発行

著　者　桃　井　治　郎

発行者　武　市　一　幸

発行所　株式会社　新　評　論

〒169-0051　東京都新宿区西早稲田3-16-28
http://www.shinhyoron.co.jp

電話　03（3202）7391
FAX　03（3202）5832
振替　00160-1-113487

定価はカバーに表示してあります
落丁・乱丁本はお取り替えします

装丁　山 田 英 春
印刷　神 谷 印 刷
製本　中 永 製 本 所

ISBN978-4-7948-1022-9
Printed in Japan

好評既刊

中野憲志 編著

終わりなき戦争に抗う

中東・イスラーム世界の平和を考える10章

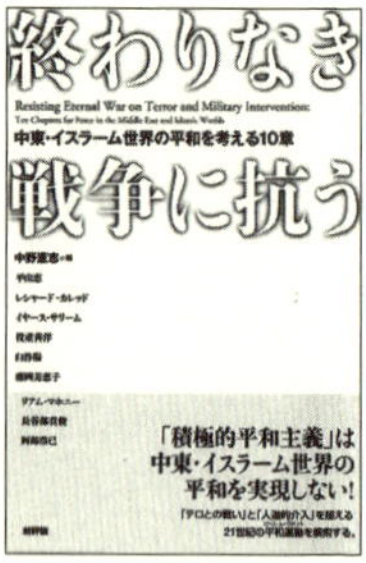

「積極的平和主義」は中東・イスラーム世界の平和を実現しない。「対テロ戦争」「人道的介入」に抗する21世紀の〈運動ムーブメント〉を模索する。

四六並製　296頁　2700円　ISBN978-4-7948-0961-2

中野憲志 編

藤岡美恵子・LEE Heeja・金朋央・宋勝哉・
寺西澄子・越田清和・中野憲志 著

制裁論を超えて

朝鮮半島と日本の〈平和〉を紡ぐ

「平和国家」を唱えながら戦争に協力し続ける日本。二重基準の政治に加担する私たち自身の植民地主義を批判的に剔出し，〈市民の連帯〉の思想を紡ぎ直す。

四六上製　290頁　2600円　ISBN978-4-7948-0746-5

＊表示価格：税抜本体価

好評既刊

R.ブレット＋M.マカリン／渡井理佳子 訳

世界の子ども兵 ［新装版］

見えない子どもたち

主として経済的理由から武器を手にした少年少女たち。26カ国に及ぶ詳細な現地調査をもとに子どもたちの現実に迫り，かれらを救うための具体的方策を探る。

A5並製　300頁　3200円　ISBN978-4-7948-0794-6

BRIS＋モニカ・ホルム 編
谷沢英夫訳／平田修三解説

子どもの悲しみとトラウマ

津波被害後に行われたグループによる支援活動

2004年末，スマトラ島沖大地震による津波に襲われたスウェーデン。被災後，NGO「BRIS」が行ったグループ支援法に，心の傷を負った子どものケアの要諦を学ぶ。

四六並製　248頁　2200円　ISBN978-4-7948-0972-8

＊表示価格：税抜本体価